AF186106

Im Land der Schneekönigin

Nahaufnahmen

Fenya Finnegan

Im Land der Schneekönigin

Nach dem Leben
mit einer Borderline-Mutter

Die Deutsche Bibliothek verzeichnet diese Publikation
in der Deutschen Nationalbibliografie.
Detaillierte bibliografische Daten sind im Internet abrufbar
unter http://dnb.d-nb.de

Besuchen Sie uns auch im Internet:
www.marta-press.de

1. Auflage Oktober 2016
© 2016 Marta Press, Verlag Jana Reich, Hamburg, Germany
www.marta-press.de

© Umschlaggestaltung: Niels Menke, Hamburg
Printed in Germany.
ISBN 978-3-944442-50-1

Inhalt

Vorwort

Man spricht nicht schlecht über seine Eltern, schon gar nicht über seine Mutter, die einem das Leben geschenkt hat. Das war ein Satz, den ich sehr oft hörte und bei dem ich das Gefühl bekam, ich tue ihr unrecht und ich sei an allem, was in meiner Kindheit passiert war, selbst schuld.

Ich hatte nie das Gefühl, dass meine Mutter mir wirklich das Leben geschenkt hat.
Warum behandelte sie uns dann so?
Warum schrie sie uns ohne Grund an?
Warum ging es ihr oft so schlecht, dass sie nicht mehr weiterleben wollte?
Warum beschuldigte sie uns, dass wir sie umbringen würden?
Warum konnte sie keine Liebe schenken?
Warum hatte ich mich bei ihr nie sicher gefühlt?
Warum gab es keine Möglichkeit, Vertrauen zu ihr aufzubauen? Warum ließ sie das nicht zu?

Im Sommer 2012 entschloss ich mich, eine Ausbildung zur Heilpraktikerin für Psychotherapie zu machen. Ich startete die Ausbildung völlig unvoreingenommen, nicht wissend, was sich mir alles zeigen würde. Irgendwann während der Ausbildung kamen wir zum Thema „F5 Persönlichkeitsstörungen, emotional-instabile Persönlichkeit". Während der ganzen Unterrichtseinheit saß ich völlig erstarrt auf meinem

Stuhl und es gingen mir tausend Gedanken durch den Kopf. Als ich nach Hause kam, fing ich an, im Internet zu recherchieren.

Ich las über Mütter mit Borderline[1] und deren Umgang mit ihren Kindern und hatte das Gefühl, dass die Autorinnen und Autoren von *meiner* Kindheit sprachen. Mich wühlte das alles auf.

Ich wusste, dass meine Mutter irgendwie komisch war, vor allem im Umgang mit uns, aber ich wusste nicht, wie ich das einordnen sollte.

Ich wusste, was sie uns angetan hatte, wie verwirrt, depressiv und aggressiv sie war, aber dass sie *so krank* war, hatte ich nie in Erwägung gezogen.

Ich selbst kämpfte über viele Jahre mit den Erinnerungen an meine Kindheit, hatte aber immer das Gefühl, dass dies meine Schuld sei und ich durch irgendetwas anderes immer in Depressionen verfalle.

Meine Geschwister hatten keine Schwierigkeiten und ich war die Einzige, die sich so schwertat, sich im Leben zurecht zu finden.

Ich informierte mich, las viele Bücher und verstand mit der Zeit immer mehr, dass ich durch die Krankheit meiner Mutter geprägt war.

Es passte alles zusammen: ihr Schwarz-Weiß-Denken, ihre Schwierigkeiten, Beziehungen zu gestalten und aufrecht zu erhalten, ihr Verlangen, im Vordergrund zu stehen und die Impulsivität und Aggressivität, die sie an uns ausließ, ihre ständige Kontrolle über uns und, und, und …

---

[1] Erklärung zur Persönlichkeitsstörung Borderline: siehe hintere Seiten im Buch.

Für mich machte ihr ganzes Verhalten endlich einen Sinn und ich fing an zu verstehen, warum sie so ist, wie sie ist, und ich so bin, wie ich bin.

Für mich war das der Startschuss, mich mit ihrem Verhalten auseinanderzusetzen, um so mein eigenes zu hinterfragen und ändern zu können.

Meine Mutter war nie in Therapie, bis heute nicht. Man könnte auch sagen: Ihr fehlt die Krankheitseinsicht. Wenn man nicht das Gefühl hat, krank zu sein, muss man auch keine Therapie machen. Für sie waren *wir* das Problem, nicht sie.

Meine Mutter hat mir ihre Verhaltensweisen zum Teil mitgegeben. Erziehung ist am Ende nichts anderes als das anerzogen zu bekommen, was Eltern einem vorleben. Beziehungen zu gestalten und in Kontakt zu anderen Menschen zu gehen, erlernen Kinder von ihren Eltern. Manchmal leider auch Muster, welche völlig ab von dem sind, was „normal" und gut wäre.

Ich hatte aber nie das Gefühl, dass diese ganzen Ticks (so wie ich sie nannte) zu mir gehören. Ich hatte die Chance, eine Distanz dazu herzustellen und mich damit in Frage zu stellen. Ich hatte das große Glück, jemanden zu finden, die mich aus der Verwirrung herausholte und dafür bin ich unendlich dankbar.

Meine Mutter lebt bis heute so, wie sie es uns vorlebte: das Leben einer verletzten, manipulativen, aggressiven Frau, ohne jegliche Einsicht und (Eigen-) Verantwortung.

Ich habe sehr früh den Kontakt zu ihr abgebrochen, um mich vor ihr zu schützen. Mein Entschluss, sie nicht mehr an meinem Leben Teil haben zu lassen, war ein schwerer und oftmals würde ich diesen gern wieder rückgängig machen. Es bleibt der Teil, der sie vermisst. Was für mich völlig absurd ist, weil ich nicht einmal sagen kann, was ich da vermisse. Da stimmt wohl der Satz, der immer wieder einmal laut wird, wenn es um solch – ich nenne es mal – kranke Beziehungen zwischen Kindern und ihren Eltern geht:

„Kinder lieben ihre Eltern, selbst wenn diese noch so grausam zu ihnen waren."

Für mich ist dieses Buch eine Art Rückschau auf mein Leben und Verhalten. Im Schreiben habe ich mich mehr kennengelernt und die Erfahrung machen dürfen, dass ich nicht zwingend an Dingen festhalten muss, die nicht zu mir gehören.

Es war nicht immer leicht, mir selbst zu begegnen. Waren doch viele Teile von mir auch Teile meiner Mutter. Manchmal gab es Situationen, in denen ich diese ganze Ehrlichkeit nicht mehr (er)tragen konnte und ich nicht wusste, ob ich noch zu mir stehen kann.

Für mich lag im Schreiben eine Annäherung an meine Vergangenheit, die ich immer verneint hatte und vergessen wollte. Zu der ich nicht stehen und die ich ungeschehen machen wollte.

Erst in der Annäherung zu mir selbst schaffte ich eine Brücke zu meiner Vergangenheit.

Ich verstand, dass ich meine Vergangenheit verstehen musste, um mich zu verstehen.

Und ich machte mich auf die Reise...

Der Beweggrund, dieses Buch zu schreiben, lag darin, dass ich kaum Bücher gefunden habe, die sich damit auseinandersetzen, wie schwer es Kinder von gewalttätigen, Ich-zentrierten und manipulativen Müttern haben, sich ihren eigenen Weg im Leben zu erkämpfen.

Aus eigener Erfahrung habe ich feststellen müssen, dass diese Kinder unter Umständen die gleichen oder ähnlichen Verhaltensmuster aufweisen wie ihre Eltern. Wie Kinder ihre Beziehungen und Interaktionen gestalten, lernen sie von ihren Eltern.

Das, was Kinder durch diese Art von dysfunktionaler Mutter-Kind-Beziehung lernen, ist ein Leben in völliger Verwirrung und in völligem Chaos, bestehend aus Abwertungen, Ausnutzung, Lieblosigkeit, Hass und Eifersucht.

Was ein Kind durchmacht und dabei tragen muss, ist in Worten kaum zu beschreiben. Die Tragweite des Ganzen reicht bis ins Erwachsenenalter, verbunden mit vielen Unsicherheiten und Problemen.

Mein Buch soll kein Abriss über eine Diagnose sein. Es soll nicht entschuldigen, was Mütter ihren Kindern weitergeben, und es ist auch kein Hetzbuch auf Mütter, die vermutlich selbst Schlimmes erlebt haben und nun gegenüber ihren Kindern so handeln, wie sie es selbst erfahren haben.

Es ist ein Buch über meinen eigenen Weg aus den Fesseln, die mir angelegt wurden, welche ich erst einmal als Fesseln erkennen musste, um mich zu befreien.

Das Buch ist kein Selbsthilfebuch und ich möchte es auch nicht verstanden wissen als Lebensanleitung für ein Kind mit einer verstörten, höchst manipulativen, gewalttätigen Mutter.

Es ist mein persönlicher Umgang mit einer Diagnose, die beinahe mein Leben und meinen Weg zu dem Menschen, der ich heute bin, zerstört hätte.

Es ist ein Abriss über das, was ich erlebt und womit ich meinen eigenen Frieden geschlossen habe.

Fenya Finnegan

Ich bin...

Wald, Blätter, die rauschen, Vögel, die singen, Spechte, die an Bäumen Behausungen bauen. Der Duft von Frühling in meiner Nase. Es ist still im Wald und in mir. Stille, die mich zum Weinen bringt. Stille, nach der ich mich so gesehnt habe die letzten Jahre.

Ich bin angekommen, bei mir, in meinem Körper, in MEINEM Leben.

In der Ruhe von heute spüre ich, was ich als Kind so sehr vermisst habe. Und oft laufe ich vor genau dieser Ruhe weg, da der Schmerz so groß ist, diese Stille nicht gehabt zu haben.

Das, was ich die ersten 16 Jahre meines Lebens erlebt habe, habe ich versucht, lange zu verbergen. Nicht als meine Wahrheit zu empfinden. Ich rettete mich mit Sätzen wie „Es ist alles nicht so gewesen.", „Da war doch alles okay."

Ich versuchte zu leben, zu überleben, damit ich vergesse.

Vergessen, was war und heute noch ist, als Teil in mir. Doch das ließ sich nicht vergessen. Mit jedem weiteren Schritt in mein Leben, kam ich dem näher, was Realität war. Und als ich mich entschloss, mich dieser Wahrheit zu stellen, fiel der Schleier von meinen Augen und ich verstand, was war.

Ich bin das Kind der Schneekönigin!

Schneekönigin

In meinen Träumen sehe ich einen großen Eispalast. Wenn ich hinein gehe, dann sehe ich die Schneekönigin, die auf ihrem Thron sitzt und den Blick ins Leere fallen lässt. Ich sehe ein kleines Mädchen, das in ihrer Nähe sitzt und spielt. Sie möchte hier nicht weg, auch wenn es auf dem Boden kalt ist und niemand mit ihr spielt. Sie möchte in der Nähe der Schneekönigin sein und versuchen, ihr Herz zum Schmelzen zu bringen. Sie wünschte sich mit tausend Umarmungen, dass sie ihr Herz erreichen könnte. Sie küsste sie unzählige Male, um ein rot auf ihren Wangen zu hinterlassen, aber sie blieben kalt und weiß. Nichts vermochte die Schneekönigin zu erreichen.

Das kleine Mädchen blieb zurück mit dem Gefühl, sie würde sich nicht genug anstrengen, sie würde sich es nicht genug wünschen und sie nicht genug lieben, um die Schneekönigin aus ihrem Eis zu befreien.

Das Mädchen wartete. Sie wollte da sein, wenn die Königin ihren Blick senken, vom Thron steigen und sie sehen würde.

Tief im Inneren warte ich heute noch darauf. Ich sitze nicht mehr mit ihr im Eispalast, aber ein Teil von mir möchte sie immer noch erwärmen, sie spüren. Ich möchte mir die Gefühle von ihr abholen, die eine Mutter für ihr Kind haben sollte: Liebe, Wärme, Geborgenheit, Sicherheit und Schutz.

Ich wartete auf den Zauberer, der diesen magischen Spiegel besitzt, in dem die jeweiligen Betrachter ihr wahres inneres Wesen erblicken. Ich glaube nicht, dass wir Menschen von Geburt an so kalt zu einander sind. Ich glaube, das meine Mutter, genauso wie ich, etwas erlebt hat, was sie so hat werden lassen. Oft wünschte ich, sie würde genauso den Mut haben, in den Spiegel zu schauen, wie ich ihn hatte, um zu sehen, dass sie in sich ein liebenswerter Mensch ist.

Ich habe verstanden, dass all das nicht möglich ist, und der Schmerz darüber ist unsagbar groß.

Oftmals wollte ich lieber sterben, als damit durch mein Leben zu gehen… manchmal auch heute noch.

Dass mich als Kind der Film der Schneekönigin so fesselte, bekommt heute mehr Sinn.

Ich erlebte selbst einen Teil dieses Märchens, nur war es bei mir Realität.

Ich wurde – genauso wie Kay –, entführt in das Land der Schneekönigin.

Ich lernte, mein Herz zu verschließen – einzufrieren –, damit ich dort leben konnte.

Es gab keine Möglichkeit, mich in jungen Jahren selbst da heraus zu befreien und es gab auch keine Gerda, die nach mir suchte, um mich herauszuholen.

Ich versucht wie Kay, immer mal wieder selbst auszubrechen, mit schwerwiegenden Folgen: Mit drohenden, erpresserischen Aktionen seitens meiner Mutter, die mich in Angst und Panik versetzten.

Ich versuchte wie er, ihr Herz zu erwärmen, was mir nicht gelang.

Also ließ ich es und war Tag für Tag dem „Schauspiel" ausgeliefert, in der Hoffnung, irgendwann gerettet zu werden.

Als Kind ist man seinen Eltern schutzlos und hilflos ausgeliefert. Man ist abhängig davon, wie sie auf einen reagieren, wie sie mit einem umgehen. Man hat keine Chance, sich als Kind gegen das, was Eltern tun oder sagen, zu wehren. Das würde bedeuten, sich der Gefahr auszusetzen, verlassen zu werden oder sogar zu sterben, was die größte Angst als Kind ist.

Meiner Meinung nach wissen viele Eltern nicht, wie sehr Kinder Angst davor haben, verlassen zu werden.

Als Kind tut man alles, um dieser Angst zu entgehen. Man tut und sagt, was einem angetragen wird, sei es auch noch so komisch und schädigend für einen selbst.

Als Kind weiß man noch nicht, was *normal* ist.

Das, was man in seiner Familie erlebt, ist für ein Kind seine Normalität. Da existiert nichts daneben, erst wenn man älter wird und anfängt, Geschehnisse zu reflektieren und sich mit anderen Freunden zu vergleichen und Dinge zu hinterfragen, wird einem vielleicht klar, dass die Verhältnisse nicht *normal* sind/waren.

Ich verstehe bis heute noch nicht, was ich da erlebt habe. Ich versuche, es mit meinem Kopf zu fassen, aber das geht nicht. Manches lässt mich verstummen, weil ich dafür keine Worte finden kann. Manches lässt mich zittern, weil mir bewusst wird, wie sehr ich ausgeliefert war.

Oft versuche ich, mich zu beschäftigen, damit ich den Schmerz nicht spüren muss. Ich laufe, um endlich die Chance zu haben, wegzulaufen, auch wenn ich das heute nicht mehr brauche. Ich trinke gern ein Glas Wein, um den Schmerz zu betäuben und um wieder Ruhe in mir zu spüren.

Das, was ich erlebt habe, ist nicht vorbei.

Es lebt in mir weiter.

Als Teil von mir.

Als Teil meiner Geschichte und meines Lebens.

Ein Teil, der aus mir die hat werden lassen, die ich heute bin...

.

Meine Geschichte: früher / heute

Ich wuchs als zweitälteste Tochter von insgesamt zehn Kindern in einem kleinen Dorf in der DDR auf.

Im sechsten Lebensmonat wurde ich in die Kinderkrippe gebracht. Noch heute kann ich mich an den Geruch erinnern, wenn wir durch die Türe in die Kinderkrippe gegangen sind.

Ich fühlte mich dort wohl. Es gab viel zu spielen und ich genoss eine klar strukturierte, strenge Erziehung. Von halb 7 bis 16 Uhr war ich umgeben von Erzieherinnen, die mich die ersten Lebensjahre begleiteten. Das ging weiter im Kindergarten, und auch in der Schule wurde ich bis zur 5. Klasse bis 16 Uhr im Hort betreut.

Meine Erziehung, so wie die Erziehung von fast allen Kindern in der DDR, wurde durch den Staat organisiert und umgesetzt.

Wenn ich heute an diese Zeit zurückdenke, finde ich es schön. Ich mochte die Zeit im Hort und fühlte mich dort gut aufgehoben. Im Nachhinein war es eine stressfreie Zeit. Ganz im Gegensatz zu der Zeit, die ich zu Hause verbrachte.

Schon sehr früh hatte ich eine innere Stimme, die mir sagte, dass in meiner Familie etwas nicht stimmte. Alles drehte sich um meine Mutter und darum, ob es ihr gut oder schlecht geht. Ob sie wütend ist, tief traurig, verzweifelt, euphorisch oder anderes.

Ich lernte früh, die Gefühle meiner Mutter zu deuten, um zu wissen, wie ich mich verhalten sollte. Ich konnte in ihren Augen ablesen, wie ich mich zu verhalten hatte, um sie nicht zusätzlich aufzuregen, wütend oder traurig zu machen.

Ich hatte als Kind das Gefühl, ich könnte ihre Stimmung beeinflussen. Ich könnte ihre Gefühle ändern, wenn ich nur wollte, mich genug anstrengte.

Ich lernte schon als kleines Mädchen, dass es wichtig ist, sich gut zu benehmen, immer „Guten Tag" zu allen Menschen zu sagen und allen brav die Hand zu geben – „Weil brave Mädchen das so machen! Was sollen sonst die Nachbarn denken?!"

Es gab Menschen, vor denen hatte ich Angst und ich wollte sie nicht anfassen, da ich mich ekelte. Aber ich musste sie anfassen, weil meine Mutter das so von mir verlangte.

Ich lernte sehr früh, dass meine Mutter entschied, wen ich gern haben sollte und wen nicht, auch wenn das stündlich wechseln konnte. Ich lernte, auf meinen Vater sauer zu sein oder meine Oma zu ignorieren, wenn meine Mutter das tat und von mir verlangte. Ich wusste, wie es mir ergehen würde, wenn ich es nicht tat.

Ihre Freunde waren meine Freunde, ihre Feinde meine Feinde. Es gab schwarz und weiß, andere Farben dazwischen blieben ihr – wie auch mir – verborgen.

Meine Mutter unterteilte uns Kinder in „gut" und „schlecht", „lieb" und „böse".

Der Terror fing morgens vor der Schule an und dauerte, bis SIE endlich schlafen ging.

Ich konnte ihr nichts recht machen. Es war immer alles falsch. Und sie gab mir das Gefühl, falsch zu sein.

Ich lernte, zu funktionieren, die Stimmung meiner Mutter wahrzunehmen und meine eigenen Gefühle und Bedürfnisse zu kontrollieren und/oder zu übergehen.

Ich lernte, nicht das zu sagen, was stimmt, sondern das, was meine Mutter hören wollte.

Ich schluckte Wut und Ärger hinunter, wenn sie ihre Versprechen nicht hielt.

Es gab keine Sicherheiten, keine Verabredungen, an die ich mich halten konnte, keine Zusagen ohne ein großes Fragezeichen.

Lief etwas nicht so, wie sie es wollte, dann war sie völlig verzweifelt. Taten wir nicht das, was sie wollte, waren wir schlechte Kinder, unerzogen und Lügner. Waren wir ihr zu stressig, meinte sie, wir würden sie umbringen oder sie bringe uns um oder sich selbst.

Sie fuhr oft weg und wir wussten nicht, wohin und wann und ob sie wiederkommt. Wenn wir fragten, wo sie hinfahre, kam als Antwort „der Alten in den Arsch".

Manchmal hatte sie eine neue Haarfarbe, ein neues Oberteil oder etwas anderes, wenn sie zurückkam.

Irgendwann gab es kein Mittagessen mehr nach der Schule. Das lag an uns, da wir „ihren Fraß" sowieso nicht aßen.

Ihr im Haushalt zu helfen war wichtiger, als für Abschlussprüfungen zu lernen. Und krank sein durfte nur sie, wir würden nur so tun als ob.

Für mich gab es, bis ich 14 Jahre alt war, nur diese Realität. Ich wusste nicht, was „gängig" war. Ich dachte, dass das, was ich erlebte, normal sei: dieser Umgang in der Familie untereinander, und dass Schläge und lautes Schreien zur Erziehung dazugehörten.

Niemand wusste, dass das keine Erziehung war, sondern Angst, emotionaler und körperlicher Terror. Angst um das eigene Leben, wenn man sich nicht so verhalten hat, wie sie das wollte. Und wenn ich das so schreibe, dann meldet sich ein Teil in mir und will mir sagen, dass das doch gar nicht sein kann... ist es aber!

Ich habe versucht, alles, was ich in meiner Familie erlebt habe, zu verdecken. So zu tun, als gehörte es nicht zu mir. Ich nutzte jede Gelegenheit, meinem Zuhause zu entfliehen. Ich hatte einen großen Freundeskreis, ging in zwei, drei Gemeinden und hatte englischsprachige Brieffreunde, sodass meine Mutter nicht meine Post lesen konnte, denn sie kontrollierte alles! Meinen Tagesablauf, meine Freunde, meine Kleidung, was ich las. Und sie wollte auch mitbestimmen, ob ich einen Freund hatte oder nicht.

Ich musste sie um Erlaubnis bitten, wenn ich duschen oder Haare waschen wollte, und musste mir dann dennoch einen blöden Kommentar von ihr dazu anhören. Sie kommentierte alles: was ich sagte, was ich tat, was ich aß. ALLES!

Ich hatte nie die Gelegenheit, zu fühlen, was ich gern wollte oder mochte. Ich konnte zwar Wünsche äußern, aber ich war nie sicher, ob diese Gehör bei ihr fanden. Irgendwann, nach vielen Enttäuschungen, äußerte ich kaum noch, was ich mir wünschte. Ich wollte mich schützen.

Das hatte ich so sehr verinnerlicht, dass ich kaum spürte, was meine Bedürfnisse waren. Ich war lange nicht sicher, ob ich schlafen, weinen, essen wollte. Ich wartete manchmal nur auf die nächste Reaktion meiner Mutter, die nächste Ansage oder Kritik. Oft hatte ich tagelang nichts gegessen, weil ich keinen Hunger spürte.

Das ist heute manchmal immer noch so. Ich habe über die Zeit gelernt, mehr in mich hinein zu spüren, was ich möchte, auch wenn ich mich oft noch damit zurückhalte, mir Bedürfnisse und Wünsche einzugestehen oder sie zu erfüllen. Ich habe oft ein schlechtes Gewissen, wenn ich meinen Bedürfnissen nachgehe und habe den Gedanken, dass das nicht sein muss und es egal ist, es mich weder glücklicher noch unglücklicher macht. Und dann spüre ich, dass hinter dem Bedürfnis ganz andere Dinge stecken, die ich mir eigentlich ersehne: Trost, Geborgenheit, Liebe, Sicherheit.

Es gibt einen Teil in mir, der getröstet werden möchte. Sonst nichts.

Und je mehr ich mich diesem Teil nähere, desto größer wird der Schmerz, nie so richtig getröstet worden zu sein. Es gab *einen* Menschen in meiner Familie, der mir zeitweise Trost spendete: mein Opa. Bis er starb.

Die Außenwirkung, die meine Mutter hinterließ, versetzte mich als Kind sehr oft in eine Art Fremdschämen. Meine Mutter kleidete sich immer sehr freizügig (für mich war es nuttig), ich fühlte mich damit sehr unwohl, auch weil Männer sie ständig anmachten und sie es nicht lassen konnte, darauf angeregt zu reagieren. Sie meinte immer, ich solle mich als ihre Schwester ausgeben. Ich aber wollte ihre Tochter sein. Das wollte sie nicht. Ich schämte mich für sie und auch für mich, da Gerüchte nicht ausblieben.

Mit 14 Jahren entschloss ich mich, teils unbewusst teils bewusst, das Gegenteil von dem zu tun, was sie tat.

Ich trug nur noch schwarze Kleidung, hochgeschlossen, und ich zog mich immer mehr zurück. Ich lernte viel und betete, dass ich endlich aus dieser Familie herauskommen würde. Ich entschied mich, kein Fleisch mehr zu essen. Für meine Familie war Fleisch ihr Gemüse. Ich wollte mich abgrenzen. Ich hatte da schon Angst, ich würde so wie sie werden, und das wollte ich verhindern.

Damit hatte ich mich ins Aus geschossen, aber mir war das egal. Ich wollte nicht voller Hass, Neid und Gier sein. Meine Angst war so groß, dass ich völlig verzweifelt war. Ich wollte nicht so böse und wütend sein. Ich wollte niemanden schlagen oder ihm wehtun.

Selbst heute habe ich noch Angst, wenn ich wütend bin. Nicht, weil ich schlagen würde, sondern weil es mich an ihren Hass erinnert. Ich sehe ihr wütendes Gesicht, ihre zerstörerische, blinde Wut, bei der ich mir nie sicher sein konnte, was sie anrichten würde, ob ich überleben würde oder meine Geschwister überleben würden. Ich hatte Angst um mich und meine Geschwister. Manchmal wünschte ich mir zu sterben, damit ich dieser Angst nicht ständig ausgesetzt sein würde.

Ich träume heute noch davon:

Im Traum versuche ich zu schlafen. Irgendwo geht eine Tür auf und ich stehe auf und gehe hin. Ich kenne die ganze Situation, und weiß, ich darf sie nicht anschreien. Wenn ich nicht nett und höflich bin, dann tut sie mir weh. Ich versuche, sie anzuschreien, aber das geht nicht, ich bekomme keinen Laut heraus. Wenn ich versuche, etwas Nettes zu sagen, dann kann ich sprechen. Ich helfe ihr in der Küche und ich habe bei allem, was ich sage, Angst, dass es das Falsche ist und sie mir dann wehtut.

Innerlich möchte ich wütend sein... nach außen hin bin ich höflich.

Für mich gab es als Kind kein ICH. Es war immer ein ungesundes WIR. Ich hatte für alle anderen mitzudenken und das tue ich heute noch. Ich denke oft an alle anderen und am Ende erst an mich. In meiner Familie galt es als selbstsüchtig, wenn ich einmal nur an mich dachte. Komischerweise machte das meine Mutter die ganze Zeit, auch wenn sie vorgab, an uns zu denken. Ihr Tag drehte sich um sie selbst. Fühlte sie sich benachteiligt, ließ sie uns das sofort spüren. Wir Geschwister untereinander versuchten, gegenseitig um die Liebe unserer Mutter zu buhlen. Jeder strengte sich an, ihr so viel Gutes wie möglich zu tun, um gelobt zu werden oder Liebe zu bekommen. Das konnte aber genauso schnell wieder verfliegen. Und eine gute Tat machte eine „schlechte" Tat in ihren Augen nicht wieder weg. Sie strafte uns mit bösen Blicken und ignorierte uns oft tagelang, bis wir uns entschuldigten, auch wenn es gar nichts zu entschuldigen gab.

Ich lernte schnell, dass es besser war, zu lügen als die Wahrheit zu sagen, da mich Ehrlichkeit in Schwierigkeiten brachte. Es brauchte viel Zeit, nachdem ich von zu Hause ausgezogen war, zu erkennen, dass ich nicht mehr lügen brauche, um mich zu schützen.

Als Kind hatte ich den Wunsch, ihr all den Schmerz und die Trauer abzunehmen. Ich wollte sie frei und glücklich machen. Ich umarmte sie, küsste sie und hoffte, ihr dadurch zu helfen. Das brachte mich immer mehr in Not. Ich tanzte um sie herum. War lieb und brav, versuchte keine Schwierigkeiten zu machen, unterstützte sie bei der Erziehung meiner Geschwister, und ich stellte mich als Sündenbock zur Verfügung, wenn sie einen brauchte, damit es ihr besser ging. Ich ließ mich schlagen, vorführen, bloßstellen. Ich stellte mich zur Verfügung. Ich versuchte, stark für sie zu sein. Aber all das half nichts.

Ich hoffte immer und immer wieder, dass meine Mutter irgendwann die Liebe erwidere, die ich ihr die ganze Zeit zeigte. Aber je mehr ich mich anstrengte, desto mehr hatte ich das Gefühl, dass meine Mutter mich ablehnte. Das war für mich noch enttäuschender. Ich hatte das Gefühl, dass ich nicht richtig bin, dass ich alles falsch mache und ich Schuld daran habe, dass es ihr schlecht und immer schlechter ging.

Die Beziehung, die wir Geschwister untereinander hatten, war geprägt von Konkurrenz und dem Ringen um die Aufmerksamkeit und Liebe meiner Mutter.

Ich kann mich noch daran erinnern, dass meine Mutter uns instrumentalisierte, um uns gegenseitig auszuspionieren und anschließend zu verraten. So hatte meine Mutter absolute Kontrolle über alles, was wir taten und konnte mit Schlägen und Strafen nur so um sich schlagen.

Hatten wir versucht, etwas Geheimes zu tun, wusste sie es schon, bevor wir zur Tür hereinkamen.

Ich erinnere mich noch, dass ich einmal im Schwimmbad beim Spielen einem Kind einen Stein an den Kopf geschmettert hatte. Wir hatten versucht, Steine über das Wasser gleiten zu lassen und dabei ist das passiert. Mir tat das unendlich leid und ich war völlig geschockt.

Meinem Bruder nahm ich das Versprechen ab, dass er nichts zu Hause sagt, da ich wusste, ich würde schreckliche Prügel bekommen. Aber er hielt sein Wort nicht und verriet mich, sobald wir zu Hause waren. Ich brauche nicht zu schreiben, was anschließend passierte.

Ein paar Tage später sah meine Mutter dieses Mädchen im Schwimmbad und erzählte, dass sie, bis auf die genähte Platzwunde, nichts habe und es ihr gut gehe und es dann ja wohl nicht so schlimm gewesen wäre. Sie bagatellisierte auf einmal das, was ich getan hatte, obwohl sie mich zwei Tage zuvor fast tot geprügelt hatte.

Ich war völlig verwirrt.

Wir Geschwister untereinander gingen sogar so weit, dass wir uns im Auftrag meiner Mutter gegenseitig schlugen oder terrorisierten, wenn sie das so von uns verlangte.

Mir tut es heute unendlich leid und auch weh, wenn ich daran denke, da ich das auch getan habe.

Ich dachte, ich würde so ihre Liebe gewinnen können und ich wollte dafür alles tun. Auch wenn das auf Kosten meiner Geschwister ging. Leider.

Ich war die älteste Tochter und durch die Mutterrolle, die ich zeitweise einnahm, wurde ich nicht als Schwester wahrgenommen und wenig als Tochter. Es führte am Ende dazu, dass ich von ihr mehr abgelehnt wurde und ich in meiner Familie eine Außenseiterinnenrolle einnahm.

Meine Mutter sprach mir gegenüber einmal davon, dass sie alle ihre Kinder gut untergebracht hätte nach der Schule. Mich hatte sie nicht untergebracht, das hatte ich selbst getan... ohne sie. Am Ende hat mein Vater viel damit zu tun gehabt, meine Brüder in eine Lehre zu bringen, und um mich hat sie sich nicht gekümmert. Ich habe mit 14 Jahren mein Leben selbst in die Hand genommen. Ich wusste, was ich wollte, und zog das durch. Auch wenn meine Mutter mir Steine in den Weg legte, indem sie zum Beispiel meine Bewerbungen nicht abschickte, sondern mich sogar belog, dass sie sie abgeschickt hätte, und ich sie irgendwann versteckt im Kofferraum des Autos fand.

Sie spielte mit meiner Zukunft. Warum? Ich weiß es nicht. Neid? Keine Ahnung.

Es ging wohl darum, dass sie die Kontrolle über mich behalten wollte. Wäre ich von zu Hause weg gewesen, hätte sie mich nicht mehr kontrollieren können.

Wenn Nachbarn mir ihre Zuneigung zeigten, war das meiner Mutter ein Dorn im Auge und sie versuchte, diese Kontakte zu verhindern. Sie bestimmte, wen ich besuchen durfte und wen nicht.

Als ich 14 Jahre alt war, hatte ich mir einen Freundeskreis aufgebaut, den meine Mutter nicht kannte und den ich auch vom Rest meiner Familie fern zu halten versuchte. Ich lief kilometerweit, um meine Freunde zu sehen und war meist den ganzen Tag unterwegs und entzog mich so meiner Mutter.

Tränen waren in unserer Familie nicht gern gesehen. Das Einschneidendste, das ich diesbezüglich erlebt habe, war, dass meine Mutter auf mich mit Fäusten und anderen Gegenständen einschlug und meinte, wenn ich anfinge zu weinen, dann bekäme ich noch mehr Prügel.

Aber auch Freude durfte ich nicht zeigen. Ich hatte das Gefühl, dass meine Mutter nicht wollte, dass ich glücklich bin, es mir gut geht oder ich mich freue. Wenn ich dies tat, wurde ich von ihr genauestens beobachtet und bekam meist strafende Blicke zugeworfen. Somit unterließ ich jede emotionale Regung.

Als ich sechs Jahre alt war, durfte ich mit meinem Bruder zusammen ins Ferienlager fahren. Ich freute mich sehr darauf und erzählte es in der ganzen Nachbarschaft. Eine Nachbarin wollte wissen, was ich alles mitnähme, und ich erzählte freudestrahlend, was wir alles eingepackt hatten und was noch fehlte. Als sie hörte, dass ich noch keine Zahnpastatube hatte, schenkte sie mir eine. Ich freute mich darüber riesig und ging stolz und freudestrahlend nach Hause. Zu Hause angekommen erzählte ich meiner Mutter von dem Geschenk unserer Nachbarin. Meine

28

Mutter geriet davon in Wut. Sie schubste mich ins Wohnzimmer, setzte mich auf die Bank vor unserem Kachelofen und fing an mich zu schlagen. Ich hatte keine Ahnung, was los war. Sie meinte, ich würde sie bloßstellen, würde sie vor den Leuten schlecht machen. An mehr kann ich mich nicht erinnern. Nur daran, dass sie irgendwann einen langen Besen in der Hand hatte und damit auf mich einschlug und meinte, dass sie mich umbringt. Ich verstehe das Ganze heute noch nicht. Gehört wohl zu dem schrägen Weltbild meiner Mutter. Ich weiß, dass ich Todesangst hatte.

Ich weiß auch nicht, wie ich da herauskam. Ich weiß nur noch, dass ich zurück zu der Nachbarin gehen musste, um die Zahnpastatube zurückzubringen. Ich weiß nicht, ob ich gesagt habe, was passiert war. Wohl eher nicht. Ich habe mich damit entschuldigt, dass meine Mutter gerade eine Zahnpastatube mitgebracht hatte und ging wieder.

Ich weiß nicht, ob ich blaue Flecken hatte, Beulen oder gar geblutet habe. Wenn ich mir das Ganze überlege, muss es Spuren der Gewalt an meinem Körper gegeben haben, aber vielleicht habe ich sie gut verstecken können.

Heute weiß ich, dass ich weinen darf, ohne dass mir etwas passiert. Ich weine viel. Oft schon in kleinsten Stresssituationen. Ich tue mich damit schwer, aber ich verstecke mich nicht mehr. Manchmal hilft es mir und manchmal lassen mich die Tränen die Verzweiflung und Not spüren, die ich als Kind hatte. Sie sind ein Teil von mir geworden. Ein sehr lebendiger Teil, der mich spüren lässt, dass ich lebe. In meiner Familie habe ich mich wie tot gefühlt. Die Tränen zeigen, dass ich lebe, da bin!

Und heute tue ich mich oft noch schwer, Geschenke anzunehmen. Es steigt Scham in mir hoch und ich möchte das Geschenk lieber wieder zurückgeben. Ich weiß, warum das so ist, und ich versuche das Gefühl von damals zu umarmen und sage dann leise in mich hinein, dass ich das Geschenk annehmen und mich darüber freuen darf. UND dass mir deshalb nichts passiert.

Die Willkür des Handelns meiner Mutter zeigt sich wohl am besten an diesem Beispiel:

Einmal erlaubte mir meine Mutter, dass ich Schulfreunde zu meinem Geburtstag einladen durfte. Ich freute mich darüber und lud drei bis vier Schulfreunde ein und ein paar Freunde aus meinem Dorf. Ich schrieb die Einladungen und meine Freunde fragten mich sogar, was ich mir wünschte. Ich freute mich riesig auf diesen Tag und bereitete alles vor.

Am Tag meines Geburtstages kam meine Mutter mit einzelnen 20-Pfennig-Stücken in der Hand auf mich zu und meinte, ich solle meine Freunde anrufen und sie ausladen. Ich fragte, warum, sie gab darauf keine Antwort. Vielleicht gab sie eine, aber ich kann mich daran nicht mehr erinnern. Sie wollte das so und ich musste gehorchen. Ich weinte und war völlig verwirrt und zerrissen. Ich wusste nicht, wie ich mich beruhigen sollte und was da genau passiert war.

Ich war am Boden zerstört. Ich ging zur Telefonzelle und rief meine Freunde an und sagte ihnen ab. Ich weinte und schluchzte bei jedem Anruf ins Telefon und konnte mich nicht beruhigen. Die Traurigkeit, die ich fühlte, war so groß, dass ich mich kaum auf den Beinen halten konnte.

Eine Freundin aus dem Dorf durfte noch kommen, aber ich war kaum in der Lage, mit ihr zu sprechen. Dies nutzte meine Mutter aus, um mich vor ihr bloßzustellen. Sie sagte zu der Freundin: „Siehst du, jetzt hat sie dich eingeladen und sie hat gar kein Interesse an dir!"

Ich war den Launen meiner Mutter schutzlos ausgeliefert. Wollte sie etwas nicht, fand es nicht statt und jeder musste tun, was sie sagte. Zusätzlich wurde alles von meiner Mutter kommentiert und meist im negativen Sinn. Oder es waren Sätze, von denen ich nicht wusste, ob sie jetzt gut oder schlecht gemeint waren. So etwas wie: „Wie siehst du denn aus?" Ich deutete das immer so, dass ich nicht gut aussehe. Was das mit einem Kind und später einer Jugendlichen macht, brauche ich hier nicht zu schreiben. Ich war so verunsichert mit und in mir selbst, dass ich mich kaum zeigen wollte, überall ganz still war und auf Zehenspitzen durch meine Kindheit tänzelte.

Lob kannte meine Mutter nicht. Wenn wir etwas nicht gut gemacht hatten, dann wurde es tagelang kommentiert. Wenn wir gute Noten nach Hause brachten oder etwas gut gelaufen war, dann wurde es unkommentiert „hingenommen". So kam es, dass ich überaus kritisch und perfektionistisch mir gegenüber wurde. Ich kann mir bis heute kaum zugestehen, wenn ich etwas gut gemacht habe. Stolz ist mir völlig fremd. Ich kann mit dem Wort bis heute nicht viel anfangen. Es dauerte, bis ich mich davon etwas lösen konnte, alles perfekt machen zu wollen, meine Todo-Listen nicht mehr abarbeiten musste und vor allem nicht alles, was ich tue, kritisch zu betrachten. Diese Art, die meine Mutter hatte, habe ich verinnerlicht, da ich ihr immer zwei Schritte voraus sein wollte, um nicht wieder einen blöden Kommentar von ihr zu bekommen. Das war eine enorme Gehirnleistung und bis heute ertappe ich mich noch oft, wie ich Reaktionen von Menschen voraus zu ahnen versuche, bevor ich ihnen etwas zeige oder sage.

Dadurch, dass ich mich selbst sehr bewusst wahrnehme, lernte und lerne ich Schritt für Schritt, mehr zu riskieren und authentischer für mich zu werden. Die Angst lief zu Beginn mit, aber ich wollte dieses Risiko eingehen, um frei zu werden. Heute ist diese Angst kaum noch spürbar. Ich habe mich freigeboxt. Ich weiß, wer ich bin, und habe die Ketten von früher weitestgehend abgelegt. Es gibt kein MUSS mehr, aus Angst nicht gefallen zu können. Ich habe für mich verstanden, dass ich zuallererst einmal mir gefallen darf und dann erst alle anderen kommen.

Mir hatte eine Tanztherapeutin einmal gesagt, dass ich mit mir klarkommen muss, weil ich mich selbst das ganze Leben (er-)tragen muss. Dieser Satz kam mir immer wieder in den Sinn… ließ mich nicht los bis heute. Und ist so wahr für mich.

Da wir in einem Dorf wohnten, waren wir auf den Linienbus oder auf unsere Eltern angewiesen, um irgendwie in die Stadt zu kommen. Bei zehn Kindern ist das nicht gerade einfach zu managen. Leider war meine Mutter nicht gut organisiert, sodass es oft in Chaos ausartete. Meine Mutter war einfach überfordert. Um es ihr einfacher zu machen, lief ich sehr oft.

Das waren 30 Minuten Laufweg und völlig in Ordnung für mich. Ich wollte sie damit entlasten und es kam dann vor, dass, wenn ich loslaufen wollte, sie mir anbot, mich zu fahren. Ich wollte es ihr überlassen, denn ich wollte nicht, dass sie noch mehr in Stress kam.

Tagsüber war der Weg völlig okay. Ich musste durchs Dorf, dann über eine Landstraße und war dann in der Stadt. Auf der Landstraße gab es kein Licht, was tagsüber kein Problem war. Im Dunkeln war das schwieriger. Ich rannte vom Licht der Stadt bis zum ersten Licht im Dorf und hatte große Panik, wenn jemand mir entgegen kam oder auch dort lief. Ich erzählte nur einer Freundin davon und, wenn es ging, fuhr sie mich nach Hause oder organisierte jemanden, der mich fuhr. Ich sprach mit meinen Eltern nicht über diese Angst, ich behielt es für mich und versuchte, das allein zu regeln, auch wenn das bedeutete, dass ich mich sehr oft dieser Angst aussetzte.

Ich glaube, irgendwann verstand ich, dass ich nichts tun konnte, um meiner Mutter gerecht zu werden. Egal was ich tat, es half ihr nicht und es brachte sie nicht näher zu mir. Mit 16 Jahren bin ich gegangen. Ich musste weg von ihr. Ich hatte ein Jahr Hölle hinter mir. Bin ständig zusammengebrochen, konnte nicht mehr in ihrer Nähe sein und hatte das Gefühl, wenn ich zu Hause war, dass ich Rapunzel im Turm sei, die auf den Prinzen wartet, der sie befreit.

Ich konnte nicht warten, ich hatte Angst um mich. Und ich ging! Nicht ohne schlechtes Gewissen, nicht ohne das Schuldgefühl, dass ich meine Geschwister im Stich lasse.

Wenn ich heute sage, dass ich keinen Kontakt mehr zu meinen Eltern habe, dann finden das alle schade. Ich bin erleichtert darüber. Für mich waren die letzten zwei Jahre in meiner Familie die Hölle auf Erden und ich traf sehr bewusst die Entscheidung, mit 16 Jahren zu gehen. Ich hatte Angst, zu sterben und verrückt zu werden. Angst, dass sie mich umbringt mit ihren Schlägen oder ich mich selbst umbringe, weil ich den Psychoterror nervlich nicht mehr aushielt.

Ich habe mich irgendwann einmal gefragt, ob jemand mitbekommen hat, was bei uns zu Hause vor sich ging. Die Antwort lag auf der Hand: KLAR!

Ich bekomme es auch mit, wenn ich an einem Haus vorbeigehe und Kinder weinen oder schreien oder wenn sich Erwachsene anschreien und diskutieren. Wir haben als Kinder gelernt, nach außen hin die perfekte Familie zu spielen. Meine Mutter wurde hoch gelobt, weil sie zehn Kinder großzog und wir keineswegs vernachlässigt aussahen.

Früher habe ich alle Erwachsenen immer entschuldigt, habe mir Ausreden gesucht, warum uns niemand geholfen hat. Heute weiß ich, dass sich niemand bei anderen einmischen möchte. Aus Selbstschutz oder anderen Gründen.

In diesen Jahren zu Hause hatte ich mich verloren. Ich fragte – und frage mich auch heute noch –, ob ich irgendwann einmal das Gefühl haben werde, ich zu sein.

Seit ich fühlen und denken kann, fühle ich mich verloren, allein, verängstigt und verwirrt. Somit bin ich ständig unter Stress und habe oft das Gefühl, ich müsste mich zerreißen, um mit diesem Gefühl durch den Tag zu gehen.

Das ist heute etwas weniger als früher. Es sind noch die kleinen Momente, die mich zerreißen, mal mehr, mal weniger.

Der Wunsch, dass ich einfach *normal* sein möchte, ist groß und die Traurigkeit darüber, dass diese Normalität nie sein wird, noch größer.

Viele sagen, wenn ich so denke, dann werde ich auch nie *normal* werden. So wie eine sich selbst erfüllende Prophezeiung. Das ist es nicht. Ich werde nie *normal* sein.

Meine Vergangenheit ist ein Teil von mir. Ich hatte immer gedacht, wenn ich von zu Hause weggehe, dann wäre es vorbei. War es nicht und wird es nie sein. Ich habe meinen Frieden damit geschlossen, dass das in mir seinen Platz hat, auch wenn ich das nicht möchte. Es ist meine Realität. Und ich kann jeden Tag versuchen, etwas mehr Ruhe und Ordnung in diese zu bringen. Das was war, kann ich nicht ändern. Ich kann aber für mich schauen, dass es nicht mein ganzes Leben belastet.

Das, was mir am meisten Schmerzen bereitet, ist die Gewissheit, dass ich niemals fühlen werde, wie es ist, eine umsorgende, liebende Mutter zu haben. Nicht wissen, wie es ist, sich umsorgt, geborgen und geschützt zu fühlen. Das hinterlässt ein großes Loch in mir und ich weiß, dass es schwer sein wird, damit durch das Leben zu gehen. Für mich ist klar, dass kein Mensch, Tier oder etwas anderes dieses Loch füllen kann. Ich bin mir dessen bewusst, dass ich damit irgendwie leben muss. Ich hatte lange die Illusion, dass es sich stopfen lässt, wenn ich nur dies und das habe: Abitur, einen Universitätsabschluss, eine Ausbildung zur Therapeutin, Freunde oder eine Partnerschaft.

Heute habe ich viele Hürden genommen, um mehr Ordnung in das Chaos zu bringen. Ich beschönige nichts mehr und ich lasse mir auch nichts einreden, was ich nicht für mich selbst auch so sehe und fühle. Ich versuche Normalität zu schaffen, gehe arbeiten, auch wenn ich nicht schlafe und nachts nur verschreckt bin. Ich gebe nicht auf, auch wenn ich oft am Rande meiner Kraft und Nervenstärke bin. Ich möchte meine Art von Normalität und „verdiene" diese auch. Ich habe mich sehr lange als Außenseiterin gefühlt, weil ich vieles nicht erlebt habe, was andere erleben durften. Ich lasse mich von dem Schmerz nicht mehr auffressen, sondern umarme ihn als Teil von mir und gebe ihm Halt, Sicherheit, Schutz und Geborgenheit. Das, was ich als Kind so schmerzlich vermisste. Ich habe gelernt, dass ich für mich verantwortlich bin und in dieser Verantwortung darf ich für mich sorgen. Ich schäme mich nicht mehr für mich, und ich verstecke mich nicht mehr. Ich entscheide, wem ich vertraue und wen ich in mein Leben lasse.

Fluchtversuche

Ich schrieb schon als kleines Mädchen Geschichten und Gedichte. Ich mochte diese Phantasiewelten. Sie gaben mir Zuflucht und Sicherheit, waren sie doch immer da und konnten von mir erschaffen werden, so wie ich es mir wünschte.

Irgendwann gab ich einmal meiner Deutschlehrerin einen Sammelband meiner Gedichte.

Wenn ich heute so darüber nachdenke, machte ich dies nur, damit jemand sehen würde, wie schlecht es mir ging, und mir helfen würde, aus meiner Familie zu kommen. Aber meine Hoffnung wurde zerschmettert. Die Reaktion blieb aus und ich fühlte mich wieder allein. Ich verstand nicht, warum niemand etwas tat. Ich war völlig verzweifelt und für mich schien es fast so, als würden alle Menschen meine Familie und ihr Geheimnis mittragen. Ich verstand es nicht und in mir wuchsen wieder Zweifel. Vielleicht war ich die Einzige, die ein Problem sah und vielleicht war ich Schuld, dass es mir nicht gut ging.

Ich zog mich mehr und mehr zurück. Einen letzten Versuch, meiner Familie zu entfliehen, unternahm ich im Alter von 14 Jahren. Ich weiß nicht mehr, was der Auslöser war, aber ich packte eines Abends meine Sachen und ging am Morgen aus dem Haus im Wissen, dass ich nie wieder zurückkehren würde. Ich ging in die Schule und erklärte einer engen Freundin von mir, dass ich nach dem Unterricht ins Kinderheim gehen und fragen würde, ob ich dort wohnen dürfe. Man redete stundenlang auf mich ein, dass ich das nicht tun könne und wieder nach Hause gehen müsse. Sogar der Vertrauenslehrer der Schule vertrat diese Meinung.

Am Ende des Tages ging ich wieder nach Hause, warf meine Tasche in meinem Zimmer in die Ecke und weinte. Niemand redete mehr darüber und Hilfe bekam ich auch keine. Es änderte sich nichts, auch nicht, als ich ständig zusammenbrach, nichts mehr essen konnte oder völlig verweint und abwesend in der Ecke des Jugendhauses saß.

Das Einzige, was geschah, war, dass man mich hin und wieder abholte und mich auf Feiern und Freizeiten mitnahm. Einmal, um mich mit einer Nierenbeckenentzündung besser versorgen zu können (denn meiner Mutter war das scheißegal) und einige Male, um mich mit Essen zu versorgen, da ich stark an Gewicht verloren hatte.

Ich wurde konfirmiert und bekam einen Patenonkel. Auch dem versuchte ich meine Not zu erklären, das half auch nicht und am Ende hatte ich das Gefühl, ich nerve nur.

Zu dem Zeitpunkt hatte ich unentwegt Kopfschmerzen und wurde ärztlich behandelt. Niemand sah einen Zusammenhang zu meiner Familie. Ich schluckte viele Tabletten, bei manchen erbrach ich die ganze Nacht und ich musste unzählige Untersuchungen über mich ergehen lassen. Niemand kam auf die Idee, einmal nach meiner Familiensituation zu fragen.

Ich versuchte, mich immer wieder mitzuteilen, aber es veränderte nichts. Am Ende des Tages war ich doch wieder zu Hause und musste die Launen meiner Mutter (er-)tragen.

Dein Körper - Mein Körper

Ich war das erste Mädchen in unserer Familie. Meine Großeltern freuten sich riesig über meine Geburt. Meine Oma hatte drei Fehlgeburten bis sie irgendwann meinen Vater und Onkel bekam. Sie vermisste es immer, ein Mädchen zu haben. Und dann kam ich. Für meinen älteren Bruder war das weniger toll, hatte ich ihn doch von seinem Thron gestürzt, aber so ist es mit Geschwistern.

Ich kann mich nur wenig an meine Kleinkindzeit erinnern. Es ist nichts Ungewöhnliches, wenn Mütter ihre Töchter mit Kleidchen und Haarspangen ausstatten. Ich weiß noch, dass ich immer wie ein Mädchen aussehen wollte. Musste ich eine Hose tragen, war ich nicht glücklich. Als ich älter wurde und die Jungs in der Schule anfingen, uns unter den Rock zu schauen, wollte ich dann doch Hosen tragen. Es war dann immer noch so, dass meine Mutter oft entschied, was ich tragen sollte. Teilweise waren es Kleidungsstücke, die ich nicht mochte, da sie zu kurz waren und ich mich darin nicht wohlfühlte. Zusätzlich kommentierte meine Mutter immer, was ich trug. Ich selbst wusste nie, wie ich das, was sie sagte, einzuordnen hatte. Das verunsicherte mich völlig.

Wenn ich mich morgens für die Schule anzog, hatte ich immer im Kopf, was meine Mutter wohl dazu sagen würde. Ich wollte, dass sie gut findet, was ich trage. Manchmal zog ich etwas an, was sie gut fand, und zog mich auf dem Weg zur Schule wieder um, weil ich etwas anderes tragen wollte. Ich habe später herausgefunden, dass das die meisten meiner Freunde so machten, was ich lustig fand.

Es gab zu allem, was meinen Körper betraf, von meiner Mutter eine Meinung. Zu viel Hintern, zu wenig Brust, ich sei zu klein, meine Haare nicht modisch und, und, und…

Wenn man in der Pubertät ist, ist es schwierig, damit umzugehen. Ich fühlte mich in mir nicht wohl, und wenn ich unter Menschen war, wollte ich mich lieber verstecken, weil ich Angst vor Kommentaren hatte.

Zusätzlich war ich oft umgeben von Männern die gern mal Bier tranken. Ich kann bis heute den Biergeruch nicht so richtig ertragen. Obwohl ich nach einem Halbmarathon sehr gerne ein Bier trinke. Wenn mir aber Menschen zu nahekommen, die nach Bier riechen, erinnert mich das zu sehr an die Saufkumpels von meinem Vater und die mochte ich nie besonders. Sie machten mir immer Komplimente, die ich nicht hören wollte und die mich beschämten. Da ich lieb und brav sein wollte, habe ich das über mich ergehen lassen und habe nichts gesagt. Irgendwann ging ich einfach nicht mehr mit meinem Vater zu seinen Saufkumpels mit.

Das Einzige, wo und wie ich mich etwas abgrenzen konnte, war zu entscheiden, was ich aß und was nicht. Also entschied ich, kein Fleisch mehr zu essen und bekam so etwas „Macht" über meinen Körper zurück.

Als ich auszog, wurde das nicht viel besser. Ich hatte die Sätze meiner Mutter so sehr verinnerlicht, dass ich jedes Mal, wenn ich etwas anzog oder kaufte, überlegte, was die anderen Leute dazu meinen würden.

Ich ging selten danach, was ich mochte, wobei ich auch gar nicht wusste, was mir gefiel. Darüber hatte ich nie nachgedacht.

Ich versteckte meinen Körper hinter dunklen, weiten Kleidern und versuchte so, die Kommentare fernzuhalten. Durch die vielen körperlichen Übergriffe in meiner Familie wollte ich keine Nähe zu anderen Personen. Mir machte Nähe Angst und ich spürte, wenn ich Nähe zuließ, dass ein unsagbarer Schmerz in mir hochkam, da ich genau diese Nähe bei meiner Mutter vermisst hatte. Dem wollte und konnte ich mich nicht aussetzen.

Ich fühlte mich sehr lange wie das hässliche Entlein.

Dazu kam, dass ich immer den Stempel bekam, magersüchtig zu sein, da ich durch die Erlebnisse in meiner Familie und durch den Stress in der Oberstufe kaum etwas essen konnte. Dadurch fühlte ich mich noch unwohler in meinem Körper und versteckte ihn weiterhin.

Es wurde immer an mir herumgezerrt und gezogen, so lange, bis ich nicht mehr konnte und auch nicht mehr wollte. Irgendwann entschied ich mich, all die Kommentare nicht mehr anzuhören. Es gab einen Teil in mir, der all das in Frage stellte und der sehr laut wurde. Je mehr ich auf diesen Teil hörte, desto mehr fühlte ich, wie groß der Wunsch war, mich in mir, in meinem Körper wohlzufühlen.

Den größten Schatz, den ich aus Kindheitstagen mit mir herumtrug, war das Tanzen. Als Kind wurde mir nie der Wunsch erfüllt, ins Ballett zu gehen, und den Wunsch wollte ich mir irgendwann selbst erfüllen. Ich hatte während des Studiums getanzt und ich entschloss mich, wieder damit zu beginnen. Die ersten Stunden waren Horror für mich. Ich wusste nicht mehr, wie ich meinen Körper bewegen sollte, und all die Scham, die ich aus der Kindheit im Gepäck hatte, kam wieder zum Vorschein. Ich versteckte mich unter weiter Kleidung und hoffte, dass mich niemand beobachten würde. Ich bekam Panikanfälle, wenn wir Figuren in der Mitte des Raumes tanzen sollten und zitterte am ganzen Körper. Für mich stand aber fest, dass ich nicht aufgebe, und mit der Zeit wurde es einfacher. Im Ballett lernte ich meinen Körper anzunehmen, wie er ist, mich anzunehmen, wie ich bin. Ich wechselte irgendwann von weiter Kleidung auf enge Trainingsanzüge und Tops und fühlte mich wohl darin. Oft genug sah ich während des Tanzens in den Spiegel und erkannte mich nicht. Ich hatte ein völlig anderes Bild von mir verinnerlicht als das, wie ich aussah. Warum, wusste ich selbst nicht. Das korrigierte sich über die Jahre. Ich lernte mein Spiegelbild kennen und lieben. Und wenn ich heute tanze, fühle ich mich eins mit mir und meinem Spiegelbild.

Es gibt nur selten Momente, die mich körperlich verunsichern. Ich achte auf mich und entscheide für mich, was mir guttut oder nicht.

Für mich in meinem Körper zu sein bedeutet heute: mich zu spüren. Meine Gefühle, Schmerzen, Grenzen wahrzunehmen und mich darin ernst zu nehmen. Dass ich mich schützen kann und sicher in mir selbst fühle. Dass ich entscheiden darf, wer mir wie nahekommt und am Ende selbst entscheiden darf, was ich brauche, um mich in mir wohl und sicher zu fühlen, nicht andere Menschen um mich herum.

Es gab eine Situation, wo ich mir gewünscht hätte, ich würde aus meinem Körper fliehen können, um nichts spüren zu müssen. Ich wollte weg sein...

Wenn ich an diese Situation erinnert werde, will ich raus aus mir. Die ganze Panik verbunden mit einer Menge Angst, Scham und dem Gefühl, mich gleich übergeben zu müssen, ist so groß, dass ich es kaum aushalte. Ich schaffe es manchmal, mich nach einer Weile wieder zu beruhigen. Ich höre mich sagen: „Ich muss heute nicht mehr aus meinem Körper, ich bin sicher!" Es sind meine Gefühle, aber es ist nicht Realität im Moment.

Das, was im Anschluss an so eine Gefühlserinnerung bleibt, ist viel Erleichterung.

Körperlich spüre ich, dass mir das sehr zusetzt. Ich habe Fieber, Körper-, Ohren- und Halsschmerzen. Und ich brauche eine lange Zeit, bis ich nicht mehr das Gefühl habe, mich übergeben zu wollen. Was mich über diese Zeit hinwegträgt ist, mich gut zu umsorgen. Manchmal lege ich meine Hand auf mein Herz, um mir Trost zu spenden. Manchmal weine ich dann, auch, weil ich das früher in der Situation gebraucht hätte... zu weinen und umsorgt zu werden.

Mein Vater:
Mutters Hofnarr und Bauarbeiter

Jetzt liest sich das, was ich schreibe, fast so, als hätte ich keinen Vater gehabt. Den hatten wir, wenn auch viel abwesend. Mein Vater stand unter dem Reglement meiner Mutter. Er musste tun, was sie sagte, und wenn er dies nicht tat, bekam er genauso viel Ärger wie wir.

Meine Mutter hatte immer Ideen, wie sie meinen Vater von morgens bis abends beschäftigen konnte. Er baute am Haus. Innen, außen, oben und unten, und wenn fast alles fertig war, fing man wieder in der Küche an. Mein Vater arbeitete den ganzen Tag von sechs Uhr, bis es dunkel wurde. Ich sah ihn nur selten. Die einzige Zeit, die ich mit meinem Vater verbrachte, war, wenn meine Mutter im Krankenhaus war, um eines meiner Geschwister zur Welt zu bringen. In meinem Fall acht Mal. Dann schmiss ich mit meinem Vater und meiner Oma den Haushalt. Das war eine sehr harmonische Zeit. Wenig Streit, niemand schrie und es gab klare Strukturen, das mochte ich sehr. In dieser Zeit wuchsen ich und mein Vater als Team zusammen und wir alle hatten endlich viel mehr Zeit, die wir mit ihm verbringen durften. Mein Vater war entspannter und er gab uns das Gefühl, dass er sich um uns sorgte und uns liebt. Das endete, wenn meine Mutter wieder da war. Mein Vater wurde wieder anderweitig beschäftigt und meine Mutter gab wieder den Ton an.

Als ich über die Jahre älter wurde, hielt meine Mutter mich von meinem Vater fern. Sobald ich Zeit mit ihm verbringen wollte, versuchte sie, das zu verhindern. Sie gab mir zu verstehen, dass, wenn ich mich nicht von ihm distanziere, ich ihre Wut und ihren Hass zu spüren bekommen würde. Ich verstand das damals alles nicht. Heute kann ich mir einen Reim darauf machen. Sie sah mich als ihre Nebenbuhlerin. Sie war eifersüchtig und tat somit alles, um mich von ihm fernzuhalten. Wenn ich das so schreibe, schockt mich das. Wie kann eine Mutter so denken? Ich selbst kann mir darauf keine Antwort geben. Nur die, dass ihre Erkrankung sie so denken lässt.

Wenn unsere Eltern Streit hatten, wussten wir alle, zu wem wir stehen mussten. Dabei zog mein Vater immer den Kürzeren und blieb allein zurück. Mir tat das sehr weh und ich fühlte mich völlig hilflos. Ich wusste aber, dass ich nichts tun konnte, als zu meiner Mutter zu stehen, ich wollte überleben.

Es gab genügend Situationen, in denen mein Vater gehen wollte und meine Mutter ihm die Pistole auf die Brust setzte. Sie würde gehen und ihn mit uns allein lassen. Oft genug wünschte ich mir das, aber dazu hatte mein Vater keinen Mut. Er war abhängig von ihr, wie wir auch.

Als ich von zu Hause wegging, hatte ich das Gefühl, ich ließe auch ihn im Stich. Wenn ich das Ganze aber mit Abstand betrachte, hatte er uns die ganze Zeit im Stich gelassen. Er hat uns nicht beschützt und uns stellvertretend für meine Mutter geschlagen. Er hat eine Marionette aus sich machen lassen aus Angst, verlassen zu werden. Und er hat uns damit verlassen, auch wenn er anwesend war.

Abtauchen

Als Kind und später als Teenager gab es für mich zwei Möglichkeiten, dem Chaos meiner Mutter zu entkommen. Als Kind bin ich viel unterwegs gewesen. Wir waren im Wald, haben Dämme und Lager gebaut, sind auf Bäume geklettert und gingen erst nach Hause, wenn es anfing, dunkel zu werden. Als ich älter wurde, änderte sich das und ich saß viel vor dem TV, um in eine andere Welt abzutauchen. Oftmals verlor ich mich völlig in TV-Serien oder Filmen. Meine absolute Lieblingsserie war „Anna". Ich liebte die Welt des Balletts. Saugte alles wie ein Schwamm auf und fühlte mich wie betäubt. Ich blieb den ganzen Tag zu Hause und verkroch mich. Als ich elf Jahre alt war und mein jüngster Bruder geboren wurde, hatte ich ihn als Ausrede, um immer TV schauen zu können. Ich fütterte ihn nebenbei, wiegte ihn in den Schlaf und hatte es so geschafft, für mich eine andere, sicherere Realität zu schaffen. Mein Plan war, dass ich meine Mutter dadurch entlaste und ich meine Ruhe vor ihr hatte. Was auch so geschah.

Wenn ich mich heute zurückerinnere, dann habe ich nicht das Gefühl, dass ich meinen Bruder für meine Zwecke missbraucht habe. Irgendwie haben wir beide davon profitiert. Ich weiß nicht, ob das gut oder schlecht war. Es war so, und wenn wir uns ansehen (die paar Mal, die das bisher passiert ist, seitdem ich ausgezogen bin mit 16 Jahren), dann wissen wir, dass uns etwas verbindet, und ich spüre viel Liebe, die von ihm kommt. Wir sind eng verbunden, obwohl wir uns kaum kennen. Das empfinden wir beide so.

Konditionierungen

Die Ketten, die meine Mutter mir als Kind angelegt hatte, habe ich mir als junge erwachsene Frau selbst angelegt. Die Verhaltensweisen meiner Mutter hatte ich verinnerlicht und vielleicht brauchte ich das, um mich ihr nah zu fühlen, auch wenn ich 600 Kilometer entfernt war und sie wenig zu mir gehörig waren.

Ein Teil von mir ist heute noch immer in innerer Alarmbereitschaft und scannt Freunde, Bekannte und Kollegen ab (eigentlich alle Menschen): Was könnte gerade im Anderen vor sich gehen? Ist es womöglich bedrohlich? Das verschlingt viel Energie. Ich habe Angst, etwas falsch zu machen, mich zu sehr in den Vordergrund zu stellen, etwas zu sagen, was andere verletzen könnte, und ich habe das Bedürfnis, von allen gemocht zu werden, was in sich schon zum Scheitern verurteilt ist. Mit der Zeit fällt das ab. Es braucht aber viel Bewusstheit, um zu erspüren, wo ich das Bedürfnis aus meiner Kindheit noch bediene.

Viele Menschen um mich herum meinten immer, dass ich so genügsam, fleißig und lieb sei. Ich stellte nie Anforderungen und sprang sofort auf, wenn jemand Hilfe brauchte. Ich kann heute noch Menschen im Gesicht ablesen, wenn etwas nicht stimmt, oder kann an ihrem Blick erahnen, was sie gerade brauchen. Klirrendes Geschirr fordert mich heute noch auf zu helfen und gibt mir oft noch das Gefühl, etwas falsch gemacht zu haben. Heute reagiere ich auf diese

Signale in mir anders. Ich nehme sie wahr und muss mich daran erinnern, dass alles in Ordnung ist und ich nichts tun muss.

Nichts zu tun, fällt mir heute noch schwer. Ich kann selten nichts tun. Erst, wenn ich körperlich so erschöpft bin, dass ich mich kaum bewegen kann, tue ich nichts. Gezwungenermaßen.

Ich verstand mit der Zeit immer mehr, warum ich ständig in Bewegung sein musste, mir jeden Tag so viel vornahm, so viel einplante, was mich irgendwann zusammenbrechen ließ. Stehen zu bleiben und zu spüren, wie groß der Schmerz ist, mich allein und verlassen zu fühlen, wiegte oft mehr, als die Anstrengung, meine Energie an nutzlosen Kram zu verschwenden. Es braucht meinerseits viel Wachheit und Bewusstheit, um wahrzunehmen, was ich tue. Manchmal schaffe ich diesen Dreh leicht und manchmal braucht es einen Blick von außen, um mich wieder zu mir zu bringen.

Korrigierende Erfahrungen zu machen war und ist für mich etwas, wodurch viel Heilung geschieht. Manchmal nehme ich das auch erst einmal gar nicht wahr, und wenn ich dann darüber nachdenke, wird mir bewusst, was sich verändert hat. Mich freut das sehr.

Diese Erfahrungen konnte ich aber erst machen, nachdem ich keine Angst mehr hatte, ehrlich mir gegenüber und anschließend gegenüber meinen Mitmenschen zu sein.

Ich musste mich nicht mehr verstecken, aber es war und ist auch ein Wagnis, da ich nie weiß, was zurückkommt. ABER ich muss echt sagen, bisher habe ich damit gute korrigierende Erfahrungen gemacht.

Scheinbare Freiheit

Ich dachte, wenn ich von zu Hause wegziehe, würde ich all diese Erlebnisse hinter mir lassen. Ich zog 600 Kilometer weit weg und versuchte, ein neues Leben zu beginnen. Ich absolvierte ein Freiwilliges Soziales Jahr (FSJ) und kam dadurch mehr bei dem an, was ich in Zukunft gern machen wollte: mein Abitur nachholen und studieren.

Doch zuvor wollte ich das FSJ zu Ende bringen, obwohl ich viel lieber alles abgebrochen hätte und gleich wieder zurück zur Schule gegangen wäre.

Ich war umgeben von sehr gottesgläubigen Menschen. Lernte, dass ich ohne Gott nichts wert war und dass ich anständig sein sollte, damit ich mich nicht versündige oder seine Liebe mir versagt bleibt. Da war es wieder, das Gleiche hatte ich doch schon die letzten 16 Jahre gehört, nur das an Stelle von Gott meine Mutter auf dem Thron saß. Schon komisch. Ich hinterfragte nichts, ich wollte, dass man mich annahm, wollte dort einen Platz haben und tat am Ende das Gleiche wie zu Hause.

Ich hatte große Schwierigkeiten mit meiner Chefin, die eine Urschwäbin war, mit völlig kaputten Zähnen, die mich ständig als „Kleine" bezeichnete und mir immer das Gefühl gab, als könne ich nichts. Und mir fiel es schwer, am Anfang Englisch zu sprechen, was wichtig war, da ich in einem internationalen christlichen Jugendzentrum arbeitete.

In dieser Zeit lernte ich Bücher zu lieben. Sie entrissen mich der Realität und gaben mir Halt. Ich beschäftigte meinen Kopf mit Theorien und Phantasien, um zu vergessen.

Nach dem FSJ entschloss ich mich, mein Abitur weit weg von zu Hause nachzuholen. Von einer Bekannten erfuhr ich von einem Musikinternat. Ich bewarb mich, wurde angenommen und durch das Schüler-BAföG wurde alles finanziert. Es dauerte lange, bis meine Mutter dem zustimmte. Dadurch, dass ich noch minderjährig war, durfte sie über mich entscheiden. Für mich war das wieder so ein Zeichen dafür, wie abhängig ich von ihr war und wie sie wieder mit mir und meiner Zukunft spielte. Es ging hin und her. Der Schulleiter mischte sich endlich ein und schrieb einen Brief an meine Eltern, in dem er zusicherte, dass er die volle Verantwortung dafür übernahm, wenn das BAföG nicht bewilligt werden würde. Somit konnten meine Eltern finanziell nicht belangt werden. Damit stand meiner Aufnahme nichts mehr im Weg. Als meine Mutter ihre Unterschrift unter den Schulvertrag setze, war ich frei! Ich wusste, ich würde nie wieder zurückkehren!

Ich arbeitete die ganzen Ferien, um mir alle Materialien, Bücher und Kleidungsstücke für die Schule kaufen zu können und war überglücklich. Meine Eltern fuhren mich hin, und dann war ich auf mich allein gestellt. Ich wusste, ich musste das jetzt allein schaffen und ich wusste, ich würde nicht mehr zurückgehen!

Ich startete in der Schule und musste schnell feststellen, dass alles anders war. Ein völlig anderes Schulsystem, über 40 Stunden Unterricht in der Woche. Tag und Nacht Lehrer um mich. Der Stress, die fehlende Freizeit und der ganze Druck setzten mir ziemlich zu. Ich kam wieder in den Zustand, zu funktionieren. Ich lernte viel, lief viel und schlief kurz. Ich spürte mich nicht mehr. Ich war abgeschnitten von mir und meinen Bedürfnissen – zum wiederholten Male. Ich spürte keinen Hunger, keinen Durst, keine Müdigkeit und wollte keinen Kontakt mehr zu den Menschen um mich herum haben. Ich spürte nur Anforderungen, die an mich gestellt wurden und die ich nicht mehr verarbeiten und schon gar nicht erfüllen konnte. Ich nahm innerhalb von ein bis zwei Monaten 20 Kilogramm ab und hatte das Gefühl, ich wäre ein wandelndes Gespenst.

In dieser Not wollte ich wieder Kontakt zu meinen Eltern haben. Ich habe heute keine Ahnung mehr, warum. Was hatte ich erwartet? Das, was von meinen Eltern zurückkam, war keine Unterstützung, sondern Ablehnung. Ich bekam von ihnen zu hören, dass ich ja selbst schuld daran sei, wie es mir geht, weil ich von zu Hause wegwollte.

Andere Menschen sagten mir, ich würde mich gegen Gottes Plan stellen und deshalb würde es mir so schlecht gehen.

Von meinen Lehrern hörte ich, dass ich mich mehr anstrengen müsse, wenn ich das Abitur schaffen möchte.

Ich fing an, exzessiv zu lernen und zu laufen. Stundenlang! Ich machte ewig lange Spaziergänge. Und wenn ich zum Internat zurückkehren musste, fing mein ganzer Körper an, sich dagegen zu wehren. Das äußerte sich darin, dass ich, sobald ich wieder in Richtung Internat laufen wollte, anfing zu weinen, mein Körper gegen das Laufen rebellierte und ich keinen Schritt mehr gehen konnte. Mein Herz wurde schwer und ich zitterte am ganzen Körper. Ich weinte und hatte das Gefühl, ich würde mit jedem Schritt in Richtung Schule sterben. Am Ende war das auch so. Ich musste mich selbst „töten" – den Kontakt zu mir selbst brechen – , um weiterhin zur Schule gehen zu können.

Irgendwann schleppten mich die Lehrer zum Arzt wegen Verdacht auf Magersucht. Mich machte das so wütend! Es gab einen Teil in mir, der da nur weg-wollte, und einen anderen, der wusste, dass das nicht geht, da ich nirgends hin konnte. Nicht zurück zur Familie und ich konnte auch nicht die Schule abbre-chen, weil ich keine Ahnung hatte, was ich dann ma-chen sollte. Es gab niemanden, mit dem ich wirklich sprechen konnte.

Zudem unterschlugen meine Eltern mein BAföG und zwangen mich, eine Anwältin einzuschalten, damit das Internat bezahlt wurde.

Ich lernte und lernte und schaffte – physisch und psychisch völlig fertig – mein Abitur.

Kurz nach meiner letzten Prüfung war ich so ne-ben mir, dass ich versuchte, mir das Leben zu neh-men. Meine beste Freundin hatte das damals mitbe-kommen und war völlig sauer auf mich. Alles, an was ich mich erinnern kann, war, dass ich viele Schlaftab-letten genommen und circa drei Tage lang wenig mitbekommen habe. Ich habe in der Zeit irgendwie mein Zimmer geräumt und alle Sachen gepackt, so-dass ich umziehen konnte. Es wurde nie mit mir da-rüber gesprochen. Überhaupt wurde im Internat vie-les totgeschwiegen. Es ging fast nur um Leistung.

Zur Abiturfeier kamen meine Eltern, die sich die letzten drei Jahre nie hatten blicken lassen. Sie taten vor allen anderen, als wäre alles super. Ich dachte, ich würde den Tag nicht überleben. Schon ihr Kommentar bei der Begrüßung versetzte mir einen Stoß ins Herz: „Du siehst ja krank aus!" Meine Mutter wollte wieder, dass ich um sie herumspringe – was ich tat. Ich holte Kaffee und Kuchen, bediente sie von vorn bis hinten, und wenn ich mal zwei Minuten mit der Organisation der Abiturfeier beschäftigt war, wurde sie sauer und fühlte sich vernachlässigt. Irgendwann gingen sie und ich blieb völlig erschöpft und verwirrt zurück.

Nachdem ich völlig verwirrt und erschöpft mein Abitur in der Tasche hatte, fiel mir auf, dass ich mich nicht um eine Zulassung an irgendeiner Uni gekümmert hatte. Ich bewarb mich im Losverfahren und hatte unsagbar großes Glück, dass ich an der Uni gezogen wurde, an die ich wollte. Plus, dass ich genau für den Studiengang gezogen wurde, den ich mir gewünscht hatte: Erziehungswissenschaften.

Als ich mit dem Studieren begann, bekam ich Angst- und Panikanfälle. Ich hatte keine Ahnung, wo die herkamen. Es musste mehr als einmal ein Notarzt gerufen werden, damit ich etwas zur Beruhigung bekam. Irgendwann riet mir der Notarzt, das psychiatrisch abklären zu lassen. Das tat ich dann. Mir wurde geraten, meine Vorlesungs- und Seminarstunden zu reduzieren, was ich nicht wollte. Ich bekam ein Notfallmittel, das mir kaum half. Ich konnte in kein Seminar gehen, wenn der Raum mit Menschen zu voll war, und ich hatte das Gefühl, ich verlor mich selbst, wenn ich aus dem Haus ging.

Damals gab mir eine Ärztin Antidepressiva, sodass ich wieder zur Uni konnte, was ich unbedingt wollte. Ich habe nach drei Semestern mein Vordiplom abgelegt, war wissenschaftliche Hilfskraft und habe versucht, weiter zu funktionieren.

Ich hatte versucht, eine Therapie zu machen, leider machte das alles nur schlimmer. Und mit etwas Abstand dazu verstehe ich bis heute nicht, warum niemand gesehen hat, wie traumatisiert ich war. Heute weiß ich, dass ich dissoziiert[2] habe, gegen Flashbacks kämpfte und nachts nicht schlafen konnte. Oft ging ich morgens aus dem Haus, war völlig überfordert und hatte das Gefühl, ich wäre nicht mehr da. Ich wusste manchmal nicht, wie ich an die Uni kam oder was ich den ganzen Tag getan hatte, als ich abends wieder zu Hause war. Es gab Zeiten, in denen meine Mitbewohnerin mich von der Uni abholen musste, weil ich nicht mehr wusste, wie ich allein nach Hause kommen sollte. Ich wusste damals nicht, was mit mir passierte und ich hatte Angst vor mir selbst. Nicht einmal meine Psychiaterin, die mich stets mit Antidepressiva versorgte, hat erkannt, was los war.

---

[2] Für mich war es das Gefühl, mich nicht mehr zu spüren. Ich schnitt den Kontakt zu meinen Gefühlen, meinem Körper ab, um weiter leben und kämpfen zu können.

Neue Entscheidungen

Kurz vor meinem Diplom floh ich zurück nach Hause. Ich wollte zu meinen Freunden und brauchte Halt. Ich merkte sehr schnell, dass ich nicht vorfand, was ich mir gewünscht hatte. Zusätzlich setzte mir die Nähe zu meinen Eltern und Geschwistern so sehr zu, dass ich nach kürzester Zeit so stark dissoziierte, dass ich für mich selbst die Entscheidung traf, wieder in eine psychosomatische Klinik zu gehen und mich zuvor in eine psychiatrische Tagesklinik einwies. Dort bekam ich weder therapeutische Gespräche noch Unterstützung in irgendeiner Weise. In letzter Konsequenz floh ich nach drei Wochen zu meiner Freundin und ging von da aus in die psychosomatische Klinik (die ich von der Zeit im Studium kannte) und ging nie wieder nach Hause zurück.

In der Klinik sagte ich, was ich vermutete, was mit mir „nicht stimmt". Und das erste Mal in meinem Leben wurde bestätigt, dass die Zeit in meiner Familie Spuren hinterlassen hatte und ich mit allen Mitteln gegen die Dämonen meiner Kindheit anzukämpfen versuchte. ALLEIN. Bis zu diesem Zeitpunkt.

Von da an änderte ich etwas ganz Grundlegendes. ICH entschied, was mit mir passiert. Kein Lehrer, kein Therapeut, kein Arzt – niemand! Nur ich. Und von da an begann ein anderes Leben!

Diagnosen, Diagnosen, Diagnosen

Ich versuchte, mir Unterstützung zu suchen. Jemanden gefunden hatte ich schnell, nur lief es nicht so, wie es gut für mich gewesen wäre. Ich lernte Therapeuten kennen, die ihre Weltansichten, Diagnosen und Meinungen auf mich stülpten, und das brachte mich völlig durcheinander.

Der Mittelpunkt für sie war immer mein Gewicht – für mich nicht. Ich spürte nur Leere und völlige Verzweiflung, Haltlosigkeit und war völlig verloren. Das kam aber nie zur Sprache. Und wieder tat ich, was ich von zu Hause gut gelernt hatte: Ich übernahm die Meinung der Menschen um mich herum. Ließ mich überreden, in Kliniken zu gehen, um meine augenscheinliche Magersucht zu therapieren, die keine war. Ich übernahm Verhaltensweisen, die danach aussahen, als sei ich magersüchtig. Ich empfand das alles als völlig absurd, kam aber nicht heraus. Wenn Menschen mir nur lange genug etwas einredeten, glaubte ich es. Ich wollte gesehen werden und mein Denken war, dass, wenn ich ja zu dem sagte, was sie sagten, dann sehen sie mich wenigstens, auch wenn es nicht stimmte, was sie sagten. So ging es mir wie bei meinen Eltern auch bei den Therapeuten. Ich dachte immer, sie wollten mir ja nur helfen, deshalb müssen sie recht haben… hatten sie nicht.

Im Nachhinein habe ich das Gefühl, dass sehr lange niemand danach gefragt hat, was los ist, sondern alle ihre Meinung hatten, was los sein könnte.

Da war jede Diagnose dabei, aber ich habe mich da nicht wiedergefunden.

Es war viel einfacher für manche Therapeuten, eine Diagnose zu haben und diese zu therapieren. Das gibt Sicherheit bei dem Chaos, das ich mitbrachte. Bei einer Diagnose kann man sich an einem Therapiemanual orientieren. Den Menschen in seiner Gesamtheit zu sehen und ihm die Entscheidung für seine Entwicklung selbst zu überlassen, hält kein Manual bereit. Im Chaos ist Technik nur schwer anzuwenden. Es ist, wie in einem Meer zu fischen und nicht zu wissen, was man fischt. Heute fische ich lieber, als mich an einer Diagnose festzubeißen und mich zu verlieren. Aber das konnte ich vielleicht auch nur „lernen" durch die Erfahrung, die ich gemacht habe.

Ich kann nicht sagen, wie viele verschiedene Diagnosen mir seit meinem 21. Lebensjahr gegeben wurden. Verwunderlich ist, dass ich keine dieser Diagnosen geglaubt habe. Warum? Weil ich intuitiv wusste, dass da irgendetwas nicht stimmt. Nicht, weil ich mein Verhalten nicht reflektiert habe – das habe ich sehr wohl –, aber es stimmte irgendwie nicht.

Über eine Magersucht, Depression und Persönlichkeitsstörung (weil man mich mit der ersten Diagnose in den Wahnsinn trieb) zu ADHS und zu guter Letzt eine Borderline-Störung (ich hatte ja auch meine Mutter als gutes Beispiel).

Ich war vier Mal stationär in einer Klinik und es half nichts, das fünfte Mal kam ich re-traumatisiert zurück und zog (bevor ich mein Diplom machte) nach Hause zurück. Nicht in den gleichen Ort wie meine Eltern, aber in die Nähe. Warum, weiß ich selbst nicht. Dort ging es mir Monat für Monat immer schlimmer. Bis ich irgendwann meine Sachen packte und zu einer Freundin fuhr.

Nach circa zehn Jahren Diagnose-Wahnsinn habe ich mich selbst diagnostiziert und wollte nur noch wegen meinem Trauma behandelt werden. Ich ging in die Klinik zurück, wo ich schon vier Mal war. Warum, kann ich heute nicht mehr sagen. Ich ging dort aber nicht wegen der vermeintlichen Magersucht hin, sondern wegen einer Posttraumatischen Belastungsstörung. Ich hatte den Mut, auszusprechen, was ich die vielen Male zuvor nicht aussprechen wollte. Geheimnisse, die ich mitgetragen hatte und die ich nicht länger für mich behalten wollte. Ich stabilisierte mich und bekam Ideen an die Hand, die mir halfen, mich selbst aus extremen psychischen und physischen Zuständen zu befreien.

Anschließend zog ich wieder von meinen Eltern weg (von heute auf morgen): neue Stadt, neue Menschen, neues Leben. Einzige Vorgabe der Klinik: eine neue Therapeutin. Das war leider gar nicht so einfach, da ich viele Therapeuten traf, die nur eine Diagnose sahen und mich nicht als „Gesamtbild" wahrnahmen. Entweder waren sie mit spirituellem Gedankengut unterwegs oder sie sagten mir, dass ich nicht wahrhaben wollte, dass ich Magersucht habe. Es verstand niemand, dass ich nichts essen konnte, weil ich unter Stress stand. Stress, der verursacht wurde durch Schlaflosigkeit, Panik- und Angstzustände und physiologische Reaktionen wie Zittern und Hyperventilieren, die ich nicht verstand und mit denen ich mich überfordert und alleine fühlte.

Weitere fünf Jahre später – fünf Jahre die verstrichen, ohne dass ich adäquate Hilfe bekam – traf ich meine heutige Therapeutin. Ich wurde in dieser Zeit auf eigenen Wunsch homöopathisch begleitet, was mir guttat, aber nur die halbe Miete war. Dieses Mal wollte ich die Therapie selbst bezahlen, um sie irgendwie selbst in der Hand zu haben. Das Telefonat für die Terminvereinbarung war schrecklich und der Gedanke, dass ich jetzt Traumatherapie in Erwägung zog, war furchtbar. Ich ließ mich auf die ersten Stunden ein und machte die Erfahrung, dass *ich* im Mittelpunkt stand oder viel mehr meine Symptome, die sich durch das Trauma zeigten. Ich war dankbar dafür, dass endlich jemand das Chaos erkannte, *mich* sah mit dem, was ich erfahren und erlebt hatte. Dass die Therapeutin meine Verrücktheiten mittragen wollte und sah, dass meine größte Angst war, verlassen zu werden. Sie erkannte, was in meiner Familie vor sich gegangen war, und sie schaute mit mir, wer ich wirklich war und bin. Ich buddelte mich so langsam aus, naja oder wir. Und ich bin immer noch am buddeln.

Ich fing an, mich zu verstehen, mich nicht mehr abzuwerten und mit meinen Symptomen umzugehen, im Wissen, dass diese zu mir gehören, zu meiner Geschichte und nicht (einfach) verschwinden werden.

Mehr als nur einmal wollte ich aufgeben, alles hinschmeißen und sterben. Ich lerne, mit diesem Teil zu leben.

So entstand auch dieses Buch. Ich schrieb auf, an was ich mich erinnerte, was mich beschäftigte und welche Einsichten ich im Prozess bekam. Das half mir, mich zu sortieren und alles herauszuschreiben, was mich belastete.

Was mich heute noch wütend macht, ist, dass ich mir in den vorherigen Therapien so viele Dinge anhören musste und so wieder (wie zu Hause) das Gefühl vermittelt bekam, dass ich alles falsch mache, krank sei und sie recht hätten und ich unrecht.

Ich habe zehn Jahre gelitten, weil ich nie gefragt wurde, was zu Hause bei mir los war und auch niemand wusste, dass meine Mutter krank war/ist. Ich habe mich immer schlecht gefühlt, habe so sehr gegen meine Gefühle gekämpft, damit ich als „normal" durchgehe. Ich habe mich jeden Tag mehr und mehr gehasst dafür, wie ich war. Das ging am Ende soweit, dass ich anfing mich selbst zu verletzen, weil ich mich bestrafen wollte, so „böse" und „krank" zu sein.

Irgendwie wollte ich es immer allen recht machen und man hat mich dennoch mies behandelt, mich beschuldigt, als krank abgestempelt etc.

Ich verstehe nicht, warum es so viele Jahre brauchte, bis *ich* dann sagte, dass ich vermute, dass ich traumatisiert bin. Und ich mich mit genau dieser Diagnose dann in eine Klinik begeben habe und ENDLICH geschaut wurde, was wirklich los war. Ich finde das für mich traurig und ich hätte mir zehn Jahre Stress, Leid und Kampf sparen können. So richtig verstehe ich auch nicht, warum das kein Psychiater oder die ganzen Therapeuten gesehen haben.

Manchmal wünschte ich mir, genau diese zehn Jahre aus meinem Leben herauszustreichen. Nicht, weil ich den Weg, den ich gegangen bin, bereue. Ich bereue nicht meine Entscheidungen. Ich tue mich nur schwer, mit der Erfahrung umzugehen, die ich in dieser Zeit mit den Menschen um mich herum gemacht habe. Das, was ich in meiner Familie erlebt habe, hat für mich an Tragik gewonnen durch die Unprofessionalität der Leute um mich herum.

Ich habe das Gefühl, ich hätte zehn Jahre verloren, in denen ich nicht die Hilfe bekam, die ich gebraucht hätte. Das Gesundheitssystem hat kaum Fortschritte gemacht, leider. Ich habe viele Menschen kennengelernt, denen es genauso geht oder erging.

Luftschlösser

Als Kind erschafft man sich imaginäre Freunde oder Tagträume, die einem Halt geben, wenn es Zeiten von Neustrukturierung oder/und Unsicherheit gibt.

Als Erwachsene würde man sich keine imaginären Freunde mehr schaffen. Da erschafft man sich Luftschlösser (wie ich sie nenne). Wünsche oder Vorstellungen vom Leben, das man führen möchte (Familie, Kinder, Erfolg im Job etc.). Ob diese Luftschlösser realistisch oder unrealistisch sind, spielt hierbei keine Rolle. Man strengt sich extrem an, diese aufzubauen. Investiert sehr viel Zeit und Geld, geht über alle Kräfte und Grenzen hinweg und fragt sich am Ende, warum man in tiefer Verzweiflung oder in einer völligen Erschöpfung landet.

Bei mir hat sich herausgestellt, dass diese Luftschlösser Illusionen waren, die ich aufgebaut hatte, um meiner Realität aus dem Weg zu gehen. Ich habe Luftschlösser gebaut, weil ich dachte, ich könnte damit meine Vergangenheit ändern. Ich wollte mit allen möglichen Mitteln meine Vergangenheit ungeschehen machen. Ich wollte nicht die sein, die Gewalt und Missbrauch erlebt hatte und diese Tatsache immer mit sich herumtragen muss. Ich wollte das Stigma, das ich mir vorrangig selbst gab und indirekt auch durch andere erhielt, nicht haben.

Ich hatte Kollegen, die in Besprechungen und Supervisionen unsere Jugendlichen und Klienten als verrückt, krank und unheilbar abstempelten. Jugendliche und Erwachsene, die teilweise eine ähnliche Geschichte wie ich hatten, dadurch traumatisiert, suchtkrank oder anderes wurden. Es wurde gesagt, dass diese nie „gesund" werden würden oder sogar völlig gestört seien. Ich war von diesen Meinungen schockiert und ich wusste im Innern, dass dies eine fatale Schlussfolgerung ist. Menschen, die stigmatisiert werden und nie die Chance erhalten, wieder „normal" leben zu können, fallen durch das Netz wegen den Professionellen, die ihre eigene Meinung auf diese Menschen legen und ihnen somit Türen verschlossen halten, die sie vielleicht nutzen möchten. Professionelle, die eine „normale" Kindheit hatten mit der Liebe ihrer Eltern.

Ich wollte so tun, als sei ich „normal". Wollte nicht zu den Menschen gehören, die Schlimmes erlebt hatten. Ich wollte den Schein wahren und so baute ich Illusionen. Ich baute eine Schutzwand um mich herum auf. Ich baute Luftschlösser, die mich schützen sollten, meine Realität zu sehen und die mir ein Leben verschaffen sollten, in dem ich meine Kindheit ungeschehen machen konnte.

Die Krux an der ganzen Sache war, dass ich schon längst in der „Nicht-Normalität" lebte. Ich hatte Muster konstruiert, die den Schein wahren sollten. Im Außen war ich professionell und strukturiert. Zu Hause erlebte ich Chaos, da kämpfte ich gegen die Schatten meiner Vergangenheit.

Jedes Luftschloss, jede Illusion wollte ich, um meine Vergangenheit zu begraben. Ich ging nur aus einem Grund in eine Therapie: Ich wollte meine Vergangenheit loswerden. Ich strengte mich unsagbar an,

machte alles Mögliche, ging in jede Angst und liefer-
te mich dieser absichtlich aus, auch wenn mein Körper und meine Psyche das kaum verkrafteten. Ich
hatte viele Zusammenbrüche und dachte, dass diese
deshalb geschehen, weil ich mich nicht genug anstrenge, weil ich es nicht genug möchte aus diesem
Sumpf herauszukommen. Ich stolperte von Loch zu
Loch, bis ich kapitulieren musste. Ich stand irgendwann völlig neben mir. Erschöpft, kraftlos, haltlos
und verzweifelt. Ich hatte keine Luft mehr, es ging
für mich so nicht weiter. Ich hatte keine Hoffnung
mehr, dass irgendwann das Ganze besser werden
würde, ich ohne all die schlaflosen Nächte, die Flashbacks und Trigger durch das Leben gehen könnte. An
diesem Punkt wollte ich sterben. Wenn das Leben
nichts anderes für mich bereit hielte, wollte ich lieber
gehen. Ich wollte das Ganze nicht mehr mitmachen.
Meine Kraft war aufgebraucht.

In dem Moment, in dem ich mich entschied, zu
kapitulieren, alles hinzuschmeißen, nichts mehr vom
Leben zu erwarten, lösten sich alle Luftschlösser auf.
Mir war egal, was mit mir passiert. Ich empfand das
Leben als bescheuert und fing an, es auch so zu betrachten. Ich stand morgens auf und erwartete nichts
mehr. Nichts mehr von mir und auch nichts mehr
vom Leben. Ich erwartete nicht, dass mir das Leben
noch etwas zu bieten hat. Für mich stand fest: Life is
a bitch. Und so lebte ich dann auch. Ich kämpfte nicht
für oder gegen das Leben. Ich lebte es. Ohne Ziele,
Hoffnungen und Wünsche. Das Komische ist: In dem
Moment kam ich bei mir an. Bei dem, was ich nicht
ungeschehen machen konnte – meiner Vergangenheit.

Ich ließ mich treiben von den Regungen, die ich innerlich spürte. Ich bewertete nicht, was ich tat, ich tat es einfach. Ich ging nicht mehr in Ängste hinein, ich entschied mich, draußen zu bleiben. Ich erlaubte mir, die „Blöde" zu sein, weil ich keine Lust mehr auf komplizierte Entscheidungen hatte. Ich entschied mich, allein für mich zu entscheiden. Ich wartete nicht mehr auf Wuncherfüllungen, die nie kommen würden. Ich wusste, das nichts in der Welt, kein einziges Luftschloss, meinen Schmerz und meine Trauer ungeschehen machen konnte. Das gehört zu mir dazu, ob ich das mag oder nicht, spielt keine Rolle. Es ist so! Hart aber ehrlich! Es gab Abende, an denen ich in mein Tagebuch folgendes schrieb:

Gerade habe ich so eine Wut auf meine Mutter! Ich könnte sie schlagen und treten, weil ich mich so schrecklich fühle. Ich wieder eine Nacht hautnah diese ganze Angst erlebt habe und nicht mehr wusste, wer und wo ich bin. Ich wollte weg sein, nichts mehr fühlen, hören und sehen.

Und dann spüre ich den Teil, der gehalten werden möchte, der möchte, dass alles gut wird. Normal sein möchte, ohne all die Erinnerungen, endlich Ruhe haben möchte.

Doch ich weiß, dass das nicht geht.

Und in dem mir das immer mehr bewusstwird, beginne ich immer wieder zu weinen. Aus Angst, aus Verzweiflung, dass ich so weiterleben muss. Ohne ein Happy End.

Es gab für mich keine Katharsis, wer auch immer sich diesen Mist einfallen lassen hat, lebte an der Realität vorbei (mein lieber Herr Freud!).

Ein Luftschloss ist auch, dass man jedes Mal den Satz zu sich selbst sagt: „Wenn es mir erst besser geht und ich heil bin, dann…" Was dann? Ist man dann eine neue Person? Nein, ist man nicht und es ist ein Irrglaube, dass eine erlebte Vergangenheit sich in Luft auflöst und die Schatten sich verziehen. Die Realität ist anders. Die Schatten bleiben da und die Angst, dass durch sie das Leben bestimmt wird, auch.

Jetzt höre ich schon den Satz, dass man durch seine Vergangenheit nicht seine Zukunft bestimmen lassen soll. Das tut sie auch, ohne dass ich etwas dazu tue.

Weil es so ist! Und in dem Wissen, dass es so ist weiterzuleben hat für mich mehr Wahrheit als die Illusion, dass das irgendwann einmal anders sein könnte. Dann arbeite ich auf ein Ziel hin, das es (vielleicht) gar nicht gibt, und bin immer wieder enttäuscht, wenn ich scheitere.

Dann entschließe ich mich lieber, ganz klar zu sein darin, dass die Schatten bleiben und sich zeigen, wie es ihnen gerade passt. Dass sie ein Teil von mir sind, sie sich nicht auflösen werden, auch wenn das frustrierend ist.

Der Dreh

Der Wendepunkt kam, als ich über eine Bekannte mehr in Kontakt mit mir selbst kommen durfte und feststellte, dass ich all das, was die Leute sagten und ich mir durch meine Mutter angeeignet hatte, nicht war. Ich hatte viele Eigenschaften meiner Mutter übernommen und je mehr ich mich beobachtete, desto mehr fand ich heraus, dass ich das nicht bin. Ich begab mich auf den Weg zu mir selbst. Der Schlüssel für mich war, das Erlebte zu verstehen und dann zu fühlen, damit ich es verarbeiten kann. Ohne zu fühlen hatte ich keine Chance, mich zu befreien.

Ich wollte niemanden mehr, der mir seine Meinung aufdrückte, und spürte sehr schnell, was in mir vorging. Den Kontakt zu mir hatte ich nicht verloren.

Ich sehe das wie so ein kleines Licht, das wir alle in uns tragen. Bei der Geburt leuchtet es strahlend hell und über die Erziehung und Sozialisation kann es mehr oder weniger verdeckt werden. Es ist aber nie ganz weg. Und ich machte mich auf die Reise, das Licht wieder auszugraben.

Es gab Nächte, da rettete ich kleine, blasse, halb verhungerte Kinder aus dunklen Kammern oder Kellern. Und ich weiß, ich rettete mich selbst damit. Ich holte mich im Traum aus meinem Elternhaus heraus. Ich rettete mich! Was ich mir selbst als Kind von den Erwachsenen um mich herum gewünscht hatte, tat ich jetzt selbst und das berührt mich sehr. Denn wer könnte das besser als ich!

Manchmal hatte ich Angst, dass ich all das, was ich mir die letzten Jahre so mühsam aufgebaut hatte, wieder verliere. Damit meine ich nicht das abgeschlossene Studium, meine Arbeitsstelle, meine Wohnung oder Freunde. Ich meine damit die Sicherheit und das Vertrauen, das ich in mir selbst aufgebaut hatte. Das Gefühl, mir Halt zu geben und mich zu (be-)schützen. Mir ist klar, dass ich dafür Sorge tragen darf, dass ich das nicht verliere. Ich habe aber auch die Erfahrung gemacht, dass es verstörende Situationen im Leben geben kann, wo dies hart auf die Probe gestellt wird und dieser schützende Teil wieder zerbricht. Es gibt Momente, in denen ich mich verstecken möchte oder nicht mehr aus dem Haus gehen möchte, weil die Angst zu groß ist, dies zu verlieren. Ich vermute, dass ich die Erfahrung früher schon öfter gemacht habe und diese mich sehr erschüttert hat, aber ich keinen Schlüssel in der Hand hatte, mich selbst für immer in Sicherheit zu wiegen und mich selbst nicht mehr zu verlieren.

Ich frage mich oft, ob es irgendwo ein Ende dessen gibt, dass ich mich unsicher und verängstigt fühle, wenn zum Beispiel ein Alkoholiker an der Kasse hinter mir steht, anfängt mir ins Ohr zu hauchen, weil er mir irgendeinen Nonsens erzählen möchte. Mein Körper schlägt dann Alarm. Ich habe Angst, möchte wegrennen, ekele mich vor dem Gestank und seiner ganzen Präsenz. Ein Teil in mir möchte ihn treten, anschreien und fühlt sich völlig ausgeliefert. Ich versuche, nicht zu weinen, mich der Angst nicht hinzugeben. Dort zu bleiben, nicht innerlich wegzurennen. Und mich auch abgrenzen zu dürfen. Hinzu kommt, dass genau in solchen Momenten das Gefühl auftaucht, nie Schutz bekommen zu haben, wenn solche

Typen in meiner Nähe waren wie Papas Saufkumpels. Was ich nicht alles getan habe, um in der Nähe meines Papas sein zu dürfen! Manchmal tun Kinder Dinge aus dem Gefühl heraus, um bei den Menschen sein zu können, die sie am meisten lieben. Dann ist es egal, was die Situation von ihnen abverlangt.

Manchmal stand ich völlig neben mir. Ich konnte nicht sagen, was da passierte. Ich konnte mich nicht bewegen, mich nicht mitteilen und fühlte mich fast apathisch und gefangen in mir selbst.

Ich kann nicht beschreiben, wie sehr mich das Ganze belastete, wie weh mir anschließend mein Kopf und mein ganzer Körper taten. Wie viel Kraft es mich kostete, mich selbst da heraus zu holen und zu wissen, es gibt in der Nacht oft kein Ende. Ich versuchte, mich so gut es ging zu (unter-)stützen in diesem nächtlichen Chaos.

Mit dem Schritt, dieses Chaos in mir anzunehmen, wurde es etwas einfacher. Auch wenn ich mich selbst als Irre bezeichnete in diesen Momenten. Ich realisierte, dass ich das bin. Ein Teil von mir, der da ist und auch bleibt, weil er da ist. Damit wurde es über die Zeit einfacher.

Als Jugendliche und sicherlich auch als Kind hatte ich mir sehr oft gewünscht, mich einfach auflösen zu können. Ich hatte so oft das Gefühl, nicht da sein zu dürfen. Es gab Menschen, die mich nicht kannten und von Anfang an zeigten, dass ich nicht willkommen bin. Ich wurde mies behandelt und oft genug hatte ich das Gefühl, dass alle anderen wichtiger und mehr wert waren, als ich es bin. Als Schulkind war es so, dass ich abgelehnt wurde, weil ich vom Dorf kam. Kinder können grausam sein und ohne meine damalige Klassenlehrerin wäre das Mobbing auch weitergegangen. Das Gefühl, dass ich nicht dazugehörte, blieb. Ich hatte das Gefühl in meiner Familie, in meiner Klasse, im Internat und an der Uni. Ich hatte das Gefühl immer heruntergeschluckt. Habe versucht, dennoch da zu sein, auch wenn in mir völlige Verwirrung herrschte. Bis heute weiß ich zeitweise immer noch nicht, wo ich hingehöre. Auch wenn ich offensichtlich im Leben angekommen bin, fühle ich mich doch manchmal völlig fremd.

Es gab für mich lange keine Sicherheit, wenn ich morgens aus dem Haus ging, dass ich mich nicht irgendwann im Laufe des Tages verliere. Das Gefühl hatte, dass ich nur halb da war. Sich ein Teil von mir so sehr zurückziehen musste, weil die Erinnerungen zu viel Schmerz verursachten und das Funktionieren im Vordergrund stand. Ich kann und konnte nie sagen, wann ich wieder bei mir ankommen würde. Es fällt mir schwer, das zu schreiben, mir gegenüber ehrlich zu sein, es ist ein Teil meiner Realität.

Ich lag eines Nachts in meinem Bett, zitternd, kaum Luft bekommend und konnte mich nicht bewegen. Innerlich war ich völlig aufgewühlt, und ich hatte das Gefühl, dass ich so nicht mehr weiterleben kann und auch nicht möchte. Als ich mich wieder beruhigt hatte, sagte ich mir einen Satz: „Noch einmal so eine Nacht und ich ziehe das Sterben vor."

Später empfand ich eine Entschlossenheit in mir, dass ich so etwas nicht mehr mitmache. Dass ich mich keine einzige Nacht mehr so schrecklich fühlen wollte. In diesem Satz war so viel Kraft und eine große Entschlossenheit, mich nicht mehr von den "Dämonen" einer Kindheit so aussaugen, schocken und erstarren zu lassen. Seit dieser Nacht entscheide ich, wann Schluss ist. Wann genug ist und ich mir diese „Zustände" nicht mehr gefallen lasse. Seit dieser Nacht schlafe ich ruhiger und ich habe das Gefühl, wieder in mir selbst angekommen zu sein.

Es ist die Entschlossenheit, nach vorn zu gehen, weil ich mir das wünsche und ich meinen Wünschen (meinem Herzen) folgen möchte.

Seitdem fühle ich, dass *ich* bestimme. Ich gehe einen Schritt zurück aus den Erinnerungen (Gefühlen) von früher und entscheide mich, wie viel ich tragen kann und in dem Moment auch tragen möchte.

Es gibt den großen Wunsch, mich mit meiner Geschichte auseinanderzusetzen, um einen verlorenen Teil in mir wiederzufinden. Um mich selbst zu verstehen. Aber es gibt auch den Wunsch, selbst entscheiden zu können, wie viel davon ich wann anschauen möchte. Den Wunsch, selbst bestimmen zu dürfen, in welchem Rahmen ich das machen möchte.

Seit dieser Nacht fühle ich mich in mir und nicht mehr außerhalb von mir.

Ich spüre jetzt auch Wünsche, die zuvor unter der Last der ganzen körperlichen Symptome, des Schmerzes und der Traurigkeit nicht spürbar waren. Und diese Wünsche sind so wundervoll, dass sie ein Kribbeln im Bauch erzeugen und eine große Vorfreude.

Und ganz gleich, wann diese Wünsche in Erfüllung gehen. Ich trage sie in mir und sie fixen mich an für das Leben – für *mein* Leben.

Schlüssel

Ein erster Schlüssel, um meine Kindheit zu verarbeiten, waren meine Gefühle. Ich brauche es, zu spüren und zu fühlen, wie es mir damals ging. Es ist für mich ein Weg, verlorene Gefühle wieder in mir zu spüren, ohne an ihnen zu zerbrechen, und sie dann neu zu integrieren, neue Erfahrungen damit zu machen und diese so zu verarbeiten.

Der zweite Schlüssel, um diese Gefühle zu integrieren, lag darin, diesen Gefühlen mein ganzes Mitgefühl zu schenken. Meinen Gefühlen wie Unzulänglichkeit, Traurigkeit, Zerrissenheit, Mangel und die erlebte Lieblosigkeit und Missachtung.

Ich spüre, dass mich Mitgefühl mir gegenüber ruhiger werden lässt in Situationen, in denen ich zuvor unruhig und nervös wurde. Ich habe bemerkt, dass auch ohne Unruhe und Aufgeregtheit das gleiche Ergebnis herauskommt. Und dass ich, wenn ich etwas nicht gleich schaffe und den Anspruch an mich selbst etwas nach unten regle, ich immer noch ich bin. Ich mich so annehmen darf und sogar die Erfahrung mache, dass ich mich so viel mehr mag. Es öffnet sich ein Raum, der mich freier macht und die Dinge geschehen lässt. Das ist eine wertvolle Erfahrung für mich selbst!

Everybody's darling

Ich wollte immer, dass mich jeder mag. Das lernte ich so von meiner Mutter. Ich tat vieles, manchmal alles, um gemocht zu werden, und wenn ich spürte, dass mich jemand nicht mochte, dann versuchte ich ihn über alle möglichen Tricks dahin zu bewegen, mich zu mögen.

Heute weiß ich: Ich wollte, dass mich jeder mag, um überleben zu können. Ich habe gelernt, damit umzugehen, wenn mich jemand nicht mag. Wenn ich das Gefühl wahrnehme, dass mich jemand nicht so annehmen kann, wie ich bin, dann schenke ich mir Mitgefühl. Ich tröste den Teil in mir, der so gern von allen gemocht werden möchte und gebe ihm Raum. Mich braucht heute niemand mehr im Außen zu lieben, damit ich überlebe, dafür sorge ich heute selbst.

Es braucht keine Tricks mehr, kein Verstellen für andere. Und ich habe auch nicht das Recht, andere einzuwickeln, damit sie mich mögen. Jeder ist frei, so wie ich es bin. Ich treffe sehr wohl auch meine Entscheidungen, wen ich mag und wen nicht, und ich möchte auch nicht unbedingt, dass jemand bei mir Tricks anwendet, um mich für sich zu gewinnen. So sind ich und mein Gegenüber frei. Und das ist sehr stimmig.

Reifen

Zu dem Zeitpunkt, an dem ich von zu Hause ausgezogen bin, habe ich NEIN gesagt zu dem Leben in meiner Familie. Und JA zu dem, was ich in mir fühlte. Ich wollte anders leben! Und ich habe angefangen Samen zu streuen, indem ich mein Abitur nachholte, mich entschied, zu studieren und später Therapeutin zu werden. Ich habe die Samen aufgehen und meine Wünsche wachsen lassen. Ich habe und lasse mich heute noch von meiner Intuition leiten und empfinde das als einen großen Schatz. Ich habe sehr oft die Erfahrung gemacht, dass mich meine Intuition schützt, wenn ich mich nicht von meinem Kopf davon ablenken lasse.

Meine Intuition hat mich weggezogen von Menschen und Situationen, die mir nicht gutgetan haben, hin zu Menschen, die mich aus mir selbst heraus wachsen lassen haben. Manchmal vielleicht nur in einer kurzen Phase im Leben, manchmal länger.

Ich machte die Erfahrung, dass ich mich über meinen Kopf nicht verstehen kann, sondern über meine Gefühle. Sobald ich ein Gefühl erfahre/spüre, verstehe ich mein Handeln und aus dem heraus kann ich dieses reflektieren und ändern, wenn dies für mich stimmig ist.

Ich setze so mein Lebenspuzzle zusammen und hole mir verlorene Anteile, Erinnerungen oder Gefühle zurück. Ich bin sehr dankbar für diese einzigartigen Begegnungen mit mir selbst und lasse mich davon berühren.

Dadurch, dass meine Eltern und auch Geschwister die Geschehnisse in unserer Familie verleugneten, wuchs viel Verzweiflung in mir. Ich wollte Zeugen, um eine Übereinstimmung zu bekommen, mit dem, was ich fühle und was ich an Erlebnissen in mir abgespeichert hatte. Ich wusste, dass es immer schwer sein wird, meine Erfahrungen voll und ganz als zu mir zugehörig zu empfinden, und deshalb wollte ich Zeugen, damit ich mir selbst mehr glauben konnte. Die gab es aber nicht. Oft genug fühlte ich einzig und allein Schmerz und Verwirrung und konnte nur noch weinen. Wenn ich dann im Bad stand, mein Gesicht kühlte und in den Spiegel blickte, sah ich ein Gesicht, das nicht zu meinen Gefühlen passte. Ich fühlte mich zerrissen und fragte mich, wie solch ein Gesicht so etwas Schlimmes in sich tragen kann. Nicht einmal mein Gesicht und mein Körper zeigten, wie schmerzerfüllt ich mich fühlte.

Zeitweise verletzte ich mich selbst, damit ich im Außen sehen konnte, dass ich verletzt war. Mich beruhigte das und ich konnte so das Bild von mir etwas mehr zusammenbringen.

Irgendwann brauchte es keine Beweise mehr für das, was mir passiert war. Ich begann zu verstehen, dass mein Körper mein bester Zeuge ist. Nicht über die Verletzungen, die ich mir selbst zufügte, sondern über die somatischen Reaktionen, die er mir zeigte. Auch wenn die somatischen Reaktionen für mich oft sehr schwer aushaltbar waren und ich mehr als einmal das Gefühl hatte, in meinem Körper gefangen zu sein, und ihm gern entflohen wäre. Ich begriff mit der

Zeit, dass mein Körper mir meine eigene Geschichte erzählte. Ich lernte, mehr auf die Signale zu hören und half meinem Körper, Gefühle zu verarbeiten, die festgefroren waren.

Ich versuchte immer über meinen Kopf zu analysieren, warum mein Körper so reagiert, womit ich die gestaute Energie aber nicht „loswerden" konnte.

Mit der Zeit gab ich dem, was sich zeigte, mehr Raum in der Gewissheit, was an körperlichen Reaktionen aufsteigt, fällt auch wieder und es beruhigte sich, wenn die Energie Raum hatte.

Durch diese nicht verarbeiteten Reaktionen meines Körpers, habe ich sehr oft Schmerzen gehabt, die mich in die Knie zwangen. Ich liebe das Tanzen und merkte, dass ich durch die Schmerzen nicht so konnte, wie ich mir das gewünscht hätte. Bei jedem plié spürte ich die Schmerzen in meiner Hüfte oder in meinen Beinen. Oft bin ich weinend zusammengebrochen und habe mir gewünscht, dass diese Schmerzen ein Ende haben. Es gab Zeiten, da bin ich über jeden Schmerz hinweggegangen, habe viele Tabletten genommen, damit ich tanzen konnte und oft war es meine Rettung, wenn ich merkte, dass die Schmerzen nicht mehr tragbar waren.

Im Tanzen konnte ich zeitweise alles vergessen, mich vergessen, und ich tat alles, um das nicht zu verlieren.

Mit der Diagnose Fibromyalgie wollte ich mich nicht zufriedengeben, auch nicht mit der Alternative, eine niedrige Dosierung eines Antidepressivums zu nehmen. Intuitiv spürte ich, dass das anders gehen musste. Einige Beschwerden verschwanden ganz schnell und wieder andere Schmerzen verschlimmerten sich zeitweise so sehr, dass ich kaum laufen konnte. Mich selbst in dieser Zeit anzunehmen und für mich da zu sein, war ein Lernprozess. Ich lernte, mir selbst Mitgefühl zu schenken, und gab meinem Körper Ruhe und Zeit, sich zu erholen. Geduld ist nicht gerade eine Stärke von mir, aber so lernte ich, in meiner Ungeduld ruhig zu bleiben.

Durch den Schmerz kam auch eine große Traurigkeit. Ich erinnerte mich daran, wie gefangen ich mich in meiner Familie fühlte. Gefangen, nicht sagen zu können, wie es mir geht, was mich bewegt, was ich mir wünsche, was ich brauche, was in mir vorgeht, was mich belastet, traurig macht, glücklich macht.

Indem ich immer mehr meinen eigenen Weg ging, hatte ich das Gefühl, dass sich in mir viel veränderte. Nicht, weil ich dies forciere (jedenfalls nicht mehr, weil das wenig effektiv war), sondern weil es sich aus mir heraus verändern wollte. Die Veränderungen im Inneren abzuwarten war für mich echt schwierig. Manchmal wollte ich lieber mit dem Kopf durch die Wand, da ich oftmals von dem, was sich zeigte, geschockt war und wollte, dass sich das schnell wieder beruhigt und dann verwandelt.

Es gab viele Situationen, in denen ich völlig verängstigt war und gewollte hätte, dass das Leben aufhört. Wenn ich von meinen Eltern geschlagen wurde, wusste ich, sie tun mir körperlich weh, aber ich hatte mich in mir selbst so klein gemacht, dass ich das aushalten konnte.

Als Erwachsene half es nichts, sich klein zu machen, der Schmerz ging dadurch nicht weg.

Ich kann mich nicht erinnern, dass ich jemals Angst vor dem Tod oder dem Sterben hatte. Ganz im Gegenteil, es gab Momente, da fühlte ich mich sehr zum Tod hingezogen und hätte mir gewünscht, ich hätte den Mut oder den Erfolg gehabt, hinüberzugleiten in das Nichts. Oder was da auch immer ist. Für mich war klar, schlimmer als das, was ich zeitweise durchmachen musste, ist das gewiss nicht. Ich bin auch heute noch nicht so weit, dass ich durchweg das Gefühl habe, gerne zu leben. Klarzukommen im Leben, mit den Gefühlserinnerungen und somatischen Erinnerungen, ist nicht einfach und es braucht immer wieder viel Durchatmen, um mich dem jeden Tag zu stellen. Ich hatte mir mein Leben sicher nicht so erträumt oder gewünscht. Und oftmals bin ich körperlich und vor allem nervlich am Ende. Und JA, wenn mich jemand fragen würde, wenn ich eine Entscheidung treffen könnte, für oder gegen das Leben, bin ich zeitweise dagegen! Mit all den körperlichen Schmerzen wurde das Leben mit der Zeit immer mehr zur Qual und in mir ging zeitweise auch die Hoffnung verloren, dass ich mich jemals frei von diesen Schmerzen bewegen könnte.

Es gab genügend Momente, in denen ich gar nicht wirklich da war. Ich spürte mich dann kaum noch und mir war dann vieles einfach völlig egal. Ich war dann zu erschöpft, mich zu wehren, und oftmals brauchte ich es dann, mich ins Bett zu legen und so zu tun, als wäre ich gar nicht da. Ich hatte dann auch kein Gefühl dafür, was ich hier überhaupt tue oder tun möchte. Mir fehlte dann der Sinn in allem...

Es gab und gibt auch heute noch einen Teil, der sich in dieser Welt fremd und unangebunden fühlt.

Ich selbst finde keine Worte für das, was ich dann fühle. Mein erster Gedanke ist dann, dass ich im Kopf und schon gar nicht in meinem Herzen verstehen kann, wie Eltern so handeln können.

Aus meinem Gefühl heraus weiß ich, dass *ich* so nicht handeln würde.

Und dann habe ich doch erfahren dürfen, dass ich nicht allein war. Und auch wenn ich niemanden hatte, der bezeugen konnte, was mir geschehen war, gab es Menschen um mich herum, ganz real, nicht nur in Büchern, die einen Teil von dem erfahren haben, was ich erlebt habe, und das ließ meine ganze Verzweiflung etwas weniger werden. Wenn sie es geschafft hatten, „normal" zu leben und zu handeln, dann würde ich das auch schaffen können. Und ich verstand, dass ich das schon längst tat.

Stumm

Manchmal hatte ich das Gefühl, ich bekäme kein Wort mehr über die Lippen und ich verstumme völlig, weil alle Erinnerungen und Gefühle in mir mich stumm machten. Ich mochte dann nichts sagen, dem Ganzen keine Worte und auch keinen Raum geben. Mit dem Wunsch, alles ungeschehen zu machen, mich davon zu distanzieren...

Ich dachte nicht, dass ich irgendwann einmal vor der Schwierigkeit stehen würde, dass ich das, was ich fühle oder wahrnehme, nicht aussprechen kann. Ich fühlte mich dann so einsam in dem, was in mir vorgeht, und bei dem Versuch, auszusprechen, was ist, bekam ich kein Wort heraus. Ich wusste nicht, wie ich mich selbst aus dem Ganzen befreien konnte. Es fühlte sich für mich nicht gut an und von Tag zu Tag machte mich das nervlich verrückter. Mein Kopf hörte nicht auf zu denken, aber ich konnte nichts sagen.

Wenn ich versuchte zur Ruhe zu kommen, dann wurde es besonders schwierig. Mein Kopf hämmerte und die Gedanken ließen Bilder entstehen, die ich nicht sehen wollte und die ich nicht verarbeiten konnte. Schlafen war kaum möglich und das nagte körperlich an mir. Ich versuche, irgendwie damit umzugehen. Ich merke, dass ich mich innerlich immer mehr zurückzog, auch wenn ich für andere lustig war und meinen Alltag bewältigen konnte. Ich war kaum fähig, mich nach der Arbeit zu versorgen. Ich fühlte mich völlig überfordert damit und war oft genug auch zu erschöpft, um einkaufen zu gehen. Ich hatte das Gefühl, in mir drehe sich alles. Und ich mich um mich selbst.

Spiritualität

Es gibt immer wieder Menschen, die meinen, sie müssten einem sagen, wie man zu leben hat. Dabei vergessen sie, dass sie nicht mein Leben leben, meine Gefühle fühlen und in meinen Fußstapfen laufen. Manchmal beginnen sie zu verurteilen, wenn man gut gemeinte Tipps nicht annimmt. Dies erlebte ich vor allen, wenn ich mich in spirituellen Kreisen bewegte.

Es gab eine Zeit, in der ich einfach glauben wollte, dass es so etwas wie einen Seelenplan gibt. Dass ich mir mein Leben vor meiner Geburt selbst ausgesucht hatte und ich somit verantwortlich bin, für das, was mir passiert. Auf der einen Seite eine schöne Idee… hat es doch den Anschein, alles in der Hand zu haben oder auch nicht, da ja alles vorbestimmt ist und ich ja nur so lebe, wie ich es schon viele Jahre vor meiner Geburt geplant hatte. Auf der anderen Seite war es für mich irgendwann völliger Schwachsinn, weil es am Ende lediglich wieder eine Opferhaltung war. Meiner Ansicht nach legen die Menschen, die so etwas verbreiten, die Verantwortung wieder auf die Opfer. Wo doch eigentlich die Erwachsenen, die Täterinnen und Täter die Verantwortung gehabt hatten. Warum all die Verantwortung ihnen wieder entziehen, wo sie sich derer doch selbst immer wieder entzogen haben, mich beschuldigten und als Sündenbock hinstellten und mir zu viel Verantwortung gaben, weil sie sie selbst nicht haben wollten. Das muss doch irgendwann einmal aufhören.

Mich macht es heute wütend, wenn ich mitbekomme, dass Menschen daraus Profit schlagen und Menschen, die schwer traumatisiert sind und „heil" werden wollen, so einen Scheiß einreden.

Ich weiß, wie es sich anfühlt, die Schwere aus der Vergangenheit mit sich herumzutragen und als große Last zu empfinden, sodass man nicht einmal mehr weiß, wie man die nächste Sekunde überleben soll. Und ich kann gut nachfühlen, dass man sich an allem festkrallt, weil man endlich Ruhe haben möchte, leben und vor allem glücklich sein möchte. Ich selbst habe an vieles glauben wollen: Steine, Seelenpläne, Vitalstoffe, Engel und vieles mehr. Meine Erfahrung war, dass das alles nur für einen kurzen Moment über ein Loch hinweg half, bis dann wieder das nächste Loch kam. Löcher aus Selbstanschuldigungen, Scham, Schmerz, Traurigkeit und Verzweiflung. Und dann wurde mir irgendwann gesagt, dass ich vielleicht gar nicht „heil" werden möchte. Da sind mir dann die Sicherungen durchgebrannt und ich konnte das alles nicht mehr hören. Irgendwann waren mein innerlicher Schmerz und die Wut über das Erlebte so groß, dass ich diesen Scheiß nicht mehr glauben konnte und wollte. Mir wurde so Schlimmes angetan und jetzt bekam ich auch noch die Schuld an dem, was ich erlebt hatte.

All diese spirituellen Ansätze verdecken für mich etwas, was essenziell ist: das Annehmen dessen, was war und ist. Das Annehmen eines unsagbaren Schmerzes, der um nichts in der Welt weggehen wird... durch nichts. Für mich war das eine harte Realität und das schlimmste Gefühl, das man mit sich herumtragen kann.

Es bleibt ganz klar jedem selbst überlassen, was er oder sie glauben möchte und was am besten hilft, über schwierige Zeiten hinwegzukommen.

Meine Erfahrung ist: „The truth will set you free" und ich finde, dass die Wahrheit zwar wehtun kann, aber auch die Kraft in sich trägt, Mauern einzureißen und das Leben wahrhaftiger zu machen.

Es ist, wie es ist

Es ist nicht gerade einfach, immer ein Männchen auf der Schulter zu haben, das einem sagt, dass man sich all die Geschichten über seine Familie nur ausdenkt, um sich besonders zu machen. Dann kommt mir oft in den Sinn, dass ich diese Symptome nicht vorspielen kann, die Not, die sich in ihnen zeigt.

Es ist eine Zerreißprobe, immer wieder, zwischen mir selbst: dem zu glauben, was ich erlebt habe und was mein Körper mir spiegelt. Oder dem zu glauben, was meine Mutter sagt, nämlich das ich lüge.

Ich traue mir und meinem Körper und weiß, dass ohne das Männchen auf meiner Schulter mein Leben längst zu Ende wäre. Es war oft nötig zu glauben, ich erfinde das alles, um mich von der Wahrheit zu distanzieren, um nicht in völliger Verzweiflung zu versanden.

Ich habe oft die Beschwichtigung gehört, dass Familie in der Sozialisierung nicht so wichtig ist. Ist sie aber doch! Das behaupten nur Menschen, die nicht die Erfahrung gemacht haben, nie eine Familie gehabt zu haben oder eine gehabt zu haben, die keine war. Ich werde wütend, wenn ich so etwas höre oder lese, und manchmal denke ich, dass manche Menschen sich selbst damit nur über den Schmerz hinwegtrösten wollen, dem sie sich stellen müssten, wenn sie verstünden, wie sehr sie ihre Familie gebraucht hätten.

Kapitulation I

Irgendwann befand ich mich im luftleeren Raum, hatte keine Kraft mehr, mich festzuklammern, aus Angst, ich könnte wieder fallen, wegbrechen und verschwinden. Mir war alles völlig gleichgültig, ich wusste sowieso nicht, wo es hingeht, wo ich selbst herkomme oder was ich mit mir anfangen sollte. Die Angst kam immer wieder, mit all den Verletzungen und Enttäuschungen und dem Gefühl, immer wieder allein gelassen worden zu sein, wenn ich nicht so tickte, wie andere es wollten, und ich Dinge getan hatte, weil ich musste oder erpresst wurde. Immer wieder alles gegeben habe, über alle möglichen Grenzen hinweg und dann doch nichts davon gut genug war.

Und wenn ich es dann schaffte, all diese Angst zu benennen, zu zeigen, schämte ich mich. Ein Teil in mir gab sich die Schuld an all dem, was geschehen war.

Ich wollte gehört und gesehen werden, aber dazu gab es nie den Raum. Es gab die Gedanken all der anderen Menschen um mich herum, die ihr Konstrukt von „so hat es zu sein" im Kopf hatten und nicht wissen wollten, wie ich die Dinge sehe und fühle. Ich fühlte mich schuldig, weil ich dachte, dass ich dazu beigetragen hatte, nicht gesehen zu werden. Ich hatte das Gefühl, schlecht zu sein, weil ich aus einer nicht so gebildeten Familie kam oder aus Ostdeutschland war.

Die ganzen Mühen, die ich auf mich genommen hatte, um da hinzukommen, wohin ich letztendlich kam, hatte ich oft völlig übersehen.

Wenn ich heute die Erfahrung mache, dass diese Gefühle alle wahrgenommen, gespiegelt werden... möchte ich am liebsten im Erdboden versinken. Das ist völlig neu und ich brauche Zeit, mich daran zu gewöhnen.

Ich hatte oft das Gefühl, ich stünde in einem Loch und unter mir gehe die Erde auf. Wenn ich möchte, kann ich einfach springen und mich von der Lava verbrennen lassen. Wie oft hätte ich das nur zu gern getan. Wie sehr wünschte ich mich in das Nichts hinein, damit Ruhe ist, das Kämpfen aufhört, ich aufhöre. Wie oft habe ich es verhindert und darum gekämpft, da nicht hineinzuspringen... sondern die Schnur nach oben ergriffen und mich selbst wieder aus dem Loch gezogen. Wieviel Kraft habe ich in Ideen investiert, Ideen umgesetzt und gedacht, dass ich mich damit sicherer oder angekommener im Leben fühle. Wie oft habe ich mich entschieden, wieder etwas Neues aus dem Boden zu stampfen, wenn eine Tür vor mir zugeknallt wurde und ich völlig zerstört am Boden lag und keine Mitentscheidung hatte. Zu oft!

Eigentlich wollte ich sehr oft nicht mehr weiterleben und ich kann nicht sagen, warum ich immer wieder weiter vorwärtsging. Ich wollte irgendwann gar nichts mehr machen, in nichts mehr Kraft investieren, keine neue Hoffnung schüren, bei der ich wieder enttäuscht werden könnte.

Oft genug dachte ich, dass ich so verdammt blöd war, immer wieder aufzustehen und weiterzumachen.

Ich wollte keine Kraft mehr investieren in die Hoffnung, dass es besser wird. Ich wollte einfach vor mich hinleben.

Es gab Befreiungsschläge, die ich für mich machen musste, damit ich wieder Luft bekommen konnte und so durchgeknallt sein konnte, wie ich das möchte. Ohne, dass ich mir ständig denken musste, dass ich dies oder das nicht tun oder denken darf. Ich wollte irgendwann alles denken und tun dürfen, ohne mir zu denken, dass ich verrückt werde. Ohne zu denken, ich verliere mein Gesicht und ohne zu denken, ich darf das nicht denken oder sagen. Ich wollte alles denken und sagen. Und wenn es noch so verrückt, irre oder durchgedreht ist.

Mein Fazit war:

Ich bin ein Mensch. Ich hab' die größte Scheiße erlebt, und wenn ich nicht völlig verstört deshalb bin, wäre ich kein Mensch.

Ich wollte mir all dieses Verstörtsein erlauben, ohne zu denken ich müsste mich zusammenreißen und ohne eins mit dem Knüppel über den Kopf zu bekommen. Ohne zu hören, dass dies oder das nicht gut ist, nicht sein darf. Und ohne dass ich mich deshalb schlecht oder beschämt fühlen muss.

Ich unterdrückte immer alles, was mir zu schaffen machte. Damit kontrollierte ich, weil andere erwarteten, dass ich mich selbst unter Kontrolle haben muss.

Das hatte ich aber nicht! Ich versuchte es nur zwanghaft. Und weil ich die ganze Zeit am Kontrollieren war, wusste ich gar nicht, was aus mir selbst heraus kommen würde. Die ganze Energie ging für das Kontrollieren drauf. Ich ließ mich von allen um mich herum kontrollieren. Weil man dies und das nicht tut oder sagt. Weil es nicht ins Bild passt, weil es nicht „normal" ist, weil es krank ist, weil, weil, weil.

Ich hatte das satt. Ich mochte es, mich einfach völlig daneben zu verhalten. Mich besaufen, wegkiffen und mir selbst so wehtun, damit ich spüre, dass ich lebe und klarkomme. Und wenn mich deshalb alle für völlig gestört hielten, dann war ich es halt. Ich hatte nichts und niemanden zu verlieren. Nur mich selbst.

Ich habe die Menschen, die ich so dringend gebraucht hätte, nie von mir „überzeugen" können – meine Eltern. Ich habe alles getan, um dem Hass zu entgehen und am Ende habe ich mich selbst dabei am meisten verlassen. Für was? Ich hatte irgendwann keine Ahnung mehr. Ich war im Grunde niemandem etwas schuldig. Ich steckte in diesem Hamsterrad fest und dachte, ich würde allen etwas schuldig sein. Aus Angst, völlig verlassen zu werden. Eine bescheuerte Illusion. Ich wurde doch schon von Anfang an verlassen – von meinen Eltern. Mehr verlassen werden geht nicht.

Kapitulation II

Es lohnte sich irgendwann nicht mehr, mich anzustrengen. Mir selbst immer wieder Motivation einzureden und zu erwarten, dass es irgendwann besser wird, wenn ich mich nur anstrenge und weiter kämpfe.

Das war irgendwann alles völliger Schwachsinn.

Die Vergangenheit wurde nicht besser, nur weil ich im Heute kämpfe, dass es mir besser geht.

Rein objektiv betrachtet, geht es mir besser. Ich muss keine Angst mehr haben, geschlagen zu werden, wenn ich etwas „Falsches" tue oder sage. Ich bin erwachsen und darf mich wehren, ohne Angst haben zu müssen, allein gelassen zu werden und/oder zu sterben. Ich bin nicht mehr abhängig von der Güte oder Liebe der Anderen, damit ich überlebe. Manchmal macht es, rein subjektiv, noch den Anschein, als würde ich immer noch diesen Kampf leben, das ist aber nicht so. Mir fällt es oft unsagbar schwer nach so vielen Jahren Überlebenskampf, nicht mehr zu kämpfen. Das anzunehmen, wie es war, und so ist, wie es ist. Ein Teil in mir möchte das rückgängig machen und ich kann das sehr gut verstehen, aber es war, wie es ist, und ist, wie es ist!

Es war eine Utopie zu glauben, dass, wenn ich mich nur genug anstrenge, das alles nicht passiert ist und der Schmerz geht. Ich mich in mir wieder angekommen und ruhig fühle. Mich nicht mehr bekämpfen muss. Mich meine Gefühle aus Wut, Trauer, Verzweiflung und Hass nicht mehr überkommen und mir nicht mehr den Boden unter meinen Füßen entreißen könnten.

Irgendwann wurde mir die Illusion genommen... zum Glück!

Manchmal ist die Lösung so nah, auch wenn es nur kleine Brücken sind, die den nächsten Schritt, das kommende Neue unterstützen sollen. Dann, wenn es nicht mehr dran ist, mich selbst in ein Korsett zu stecken und meine inneren Impulse zu unterdrücken – auch wenn sie für viele nicht verständlich sind oder sogar als Rückschritte interpretiert werden.

Ich habe gelernt, dass es nichts bringt, mich selbst einzuschließen und mir Regungen und Impulse zu verbieten, die ich brauche, um das Erlebte oder gerade Bemerkte zu verarbeiten und zu integrieren.

Es geht nicht um das Glas Wein, das ich zu viel trinke, es geht um den Schlaf, die Auszeit, die ich manchmal benötige, um weiterleben zu können.

Es geht auch nicht um die Schnitte, die ich mir selbst zufüge, es geht um das Gefühl, dass ich lebe und der Mensch bin, der ich bin, und um das, was ich fühle.

Es geht nicht um das Laufen, weil ich damit mein Gewicht kontrollieren möchte. Es geht um das zeitweise Weglaufen, damit ich da sein kann. Es geht um ein wenig Erden, damit ich mehr da sein kann.

Das mag nicht logisch klingen. Braucht es auch nicht. Missbraucht und misshandelt zu werden, hat auch keine Logik und doch gibt es das.

Vielleicht gibt es gar keine Logik im Leben, bei nichts. Und am Ende reden wir uns die Logik bei vielen Dingen ein, damit wir dem ganzen Sinn einhauchen können, obwohl es keinen Sinn und keine Logik gibt! Und alles Illusion ist.

An dem Punkt, wo ich mich nicht mehr vorrangig zusammenreißen musste und nach meinem Gefühl ging, egal ob mit Selbstverletzung, Alkohol, Rauchen oder anderem, hatte ich das Gefühl, ich fühlte mich nicht mehr so überfordert und viel freier. Und mich strengte das Leben nicht mehr so an. Und meine Suizidgedanken waren nicht mehr so präsent.

Ich möchte an dieser Stelle sagen, dass ich nicht dazu auffordere, sich selbst zu verletzen, Alkohol zu trinken oder mit dem Rauchen anzufangen. Ich habe mir das sehr wohl und lange überlegt und viel mit mir gerungen. Ich habe mich auf meinem Weg therapeutisch begleiten lassen und würde das auch empfehlen. Was ich sagen möchte: Das Leben ist völlig verrückt! Manchmal hatte ich so viele Schritte gemacht, um dann zu sehen, dass ich wieder zurückrudern muss. Es ist gut, dass es die Möglichkeit gibt, zurückzurudern, um wieder bei mir, bei sich selbst anzukommen, um zu schauen, ob und was man wirklich möchte. Das fühlt sich am Anfang vielleicht wackelig und unsicher an, aber am Ende ist es so beruhigend und schön. Es sind dann die eigenen Schritte, auch wenn sie nicht so konventionell sind und leicht verrückt. Das Leben ist auch verrückt, also warum nicht verrückt darauf reagieren.

Es ist ein „trial and error". Es ist wie bei mir in den Dolomiten, wo ich erst im Berg hängen musste, um festzustellen, dass ich am Leben hänge. Ich weiß jetzt, was ich nicht möchte und damit bin ich von fünf Schritten zurück mindestens einen wieder nach vorn gegangen.

Wut

Ich dachte nicht, dass es einmal einfacher sein wird, den Schmerz in mir „auszuhalten", als mit meiner Wut umzugehen.

Ich war oft so wütend auf die Freunde, die ich früher hatte, die mich immer wieder nach Hause schickten, obwohl ich nicht dorthin wollte und obwohl sie wussten, dass ich da nicht sicher bin und es mir dort nicht gut geht.

Ich bin so wütend, dass ich überredet wurde, wieder und wieder nach Hause zu gehen, obwohl ich ins Kinderheim wollte, weil ich es zu Hause nicht mehr aushielt.

Ich bin so wütend, dass ich mir von meinen Eltern immer wieder Honig ums Maul schmieren ließ, um mich so wieder nach Hause zu bekommen, obwohl ich doch ahnte, dass sie logen und sich nichts ändern würde.

Ich hatte so eine Wut in mir, dass ich das Gefühl hatte, ich würde jeden Moment explodieren.

Es hat sehr lange gedauert, diese Wut überhaupt zu fühlen und zuzulassen.

In Bezug auf Wut hatte ich innerlich immer ein Bild von meiner Mutter vor Augen, die in ihrer Wut auf uns einschlug oder deren Augen so voller Wut waren, dass jedes gesagte Wort von mir nur falsch sein konnte.

Ich hatte sehr lange den Glauben, dass ich genauso mit Wut umgehen würde, wie meine Mutter. Mir machte das so große Angst, dass ich andere Wege suchte, mit Wut umzugehen. Ich lief stundenlang durch die Gegend, trank Alkohol, schluckte die Wut herunter, bis ich Magenprobleme bekam, und verletzte mich selbst, um meine Wut nicht mehr fühlen zu müssen oder um mich zu bestrafen, weil ich wütend war.

Ich lernte als Kind, dass ich nicht wütend sein durfte. Wut war fast gleich zu setzen mit Vernichtung, da meine Mutter ihre Wut nach Außen verlagerte und wir diese meist zu spüren bekamen. Es gab Momente, in denen ich dachte, ich würde die Wut meiner Mutter nicht überleben.

Als ich meine Wut das erste Mal zuließ, hatte ich Wut auf alle und alles und am liebsten wollte ich jeden verletzen, egal ob sie etwas für meine Wut konnten oder nicht. Ich hatte auf die, die es betraf, keinen Zugriff und weil ich schauen musste, wie ich mit der ganzen Wut klarkam, wollte ich sie an jedem auslassen – auch an mir. Ich hatte das Gefühl, dass all die Wut, die ich immer hinuntergeschluckt hatte, jetzt ohne Kontrolle aus mir herausplatzte. Ohne dass ich die Möglichkeit hatte, adäquat damit umzugehen.

Wenn ich versuche, mir die Wut über meine Eltern rauszuschreiben, dann fange ich oft an, mich selbst aufzukratzen oder selbst zu verletzen. Ich halte es dann kaum aus.

Ich konnte nichts machen, damit die Wut wegging, selbst wenn ich tausend Strategien hatte. Sie kam immer wieder zur Hintertür herein, und jedes Mal machte mir das mehr Angst und ich fragte mich, warum ich mich nicht einfach umbringen konnte.

Ich wusste dadurch auch, wozu dieses ganze Erstarren gut war. Lieber erstarren als die Wut und den Schmerz fühlen.

ICH und DU

Mich machte es wütend, wenn Menschen, die mir Ratschläge gaben, wie ich mit meiner Wut umgehen könnte, nicht verstanden, dass ich völlig drüber war, „normal" und vernünftig zu reagieren.

Mich kotzte es an, wenn Leute fragten, wie ich es geschafft hatte mit all den Schwierigkeiten in meinem Leben umzugehen. Ich hatte dann jedes Mal das Gefühl, dass damit völlig übersehen wurde, wie schlimm ich mich früher gefühlt habe, und ich wollte auf solch eine Scheißfrage nicht mehr antworten.

Zu erwähnen wäre, dass ich als Therapeutin diese Frage ganz hilfreich finde, gibt sie doch Aufschluss darüber, welche Ressourcen und Kräfte ich in einer Person anzapfen kann. Das ändert sich, wenn man diese Frage selbst gestellt bekommt und merkt, was das mit einem selbst macht.

Mich machte es wütend, als ob es nicht reichte, dass ich das irgendwie hinbekommen habe, weil ich *musste*!

Ich fragte mich, ob es nicht reichte, dass ich in der Situation völlig verzweifelt und durcheinander war und nicht wusste, wie ich mich wieder beruhigen sollte, ohne mir selbst Vorwürfe zu machen, dass ich mich nicht einfach umbringe. War das völlig egal? Ich wollte auch kein Lob oder Anerkennung, weil ich es wieder und wieder geschafft hatte und mich hatte rausziehen können. Ich hatte das Gefühl, dass bei jedem einzelnen Mal, bei dem ich mich selbst „retten" musste, ein Stück von mir kaputtgegangen war. Und dann kam oft wieder die Frage, wie ich es geschafft hatte, und dabei zerbrach wieder was in mir. Wieder und immer wieder.

Manchmal wäre es einfach für mein Gegenüber gut gewesen, nur da zu sitzen und nichts zu sagen, denn dann hätte ich gewusst, dass er/sie genauso sprachlos ist wie ich. Manchmal gibt es einfach nichts mehr zu tun oder zu sagen. Und damit meine ich nicht, dass man mit mir in dem ganzen Chaos sitzen sollte, sondern mittragen… was menschlich gesehen nicht zu tragen geht.

Ich wusste, es war nicht selbstverständlich, dass ich all meine Ressourcen auspacken konnte – intuitiv. Aber mal ehrlich, es ist auch scheiße, dass man als Mensch dazu gezwungen ist, all das auszupacken, weil einem Menschen so verdammt wehgetan haben!

Mich verletzte es, wenn mir Menschen sagten, dass sie mit dem, was ich zeige, an ihre Grenze stoßen. Wer fragt mich denn, wie es mir damit geht? Es ist immer einfach, das zu sagen, sich dann abzugrenzen und mich stehen zu lassen in dem Chaos.

Es war für mich schlimm, in der Therapie mit all dem konfrontiert zu werden, was meine Vergangenheit aus mir gemacht hat, bei der ich immer dachte, ich müsste mir die Schuld daran geben. Nicht meine Eltern saßen da und konfrontieren sich damit, ich saß da. Ich hielt den Kopf für sie hin, das war mein Gefühl. Und am Ende schämte ich mich für die Dinge, die meine Eltern oder andere getan hatten. Ich schämte mich für das, wie ich mich oft fühlte oder verhielt, weil ich nicht wusste, wie ich mit all dem umgehen sollte. Und noch schwieriger fand ich es, wenn man dies von mir mehr erwartete, nur weil ich Sozialpädagogin oder Therapeutin bin. Mich setzte das unter Druck. Ich hatte das Gefühl, ich müsste mich immer mehr anstrengen als andere. Und ich musste feststellen, dass nur ich so dachte und nicht mein Gegenüber.

Ich unterdrückte viel, weil ich versuchte, Erwartungen zu erfüllen. Ich fiel am Ende immer wieder auf mich selbst zurück und musste schauen, dass ich damit umgehen konnte, auch wenn ich nicht wusste, wie.

Dabei war nicht entscheidend, dass ich heute erwachsen bin oder so viel Wissen im Kopf habe, weil ich so professionell arbeite. Das war für mich persönlich etwas ganz anderes und stand auf einem anderen Blatt.

Leben = Sicherheit = ?

Manchmal hatte ich mehr Angst, mein Leben weiter zu leben als zu sterben. Ich war oftmals einfach durch. Durch mit Kämpfen darum, dass es mir einmal besser geht. Und satt davon, wieder auf die Nase zu fallen, weil es nicht so ging, wie ich mir das von Herzen wünschte. Und dann kam oft die Idee, der Gedanke, dass ich das nicht verdient hätte, glücklich zu sein und in Ruhe leben zu können.

Der Gedanke: Vielleicht wäre es gut, nichts mehr zu tun. GAR NICHTS! Nicht mehr zu schauen, dass es besser wird und nicht mehr darum zu kämpfen, mich besser zu fühlen.

Manchmal versuchte ich wegzulaufen, nicht nur in der Realität, sondern auch im Traum. Ich versuchte, mich irgendwie in Sicherheit zu bringen.

Ich hatte keine Ahnung, wo ich im Leben sicher war. Ich fühlte mich sehr lange nicht einmal in meinen eigenen Wänden sicher.

Mit 14 Jahren, als ich mein eigenes Zimmer bekam, konnte ich nachts nicht mehr schlafen. Ich musste feststellen, dass ich im Dunkeln Angst hatte. Wenn ich das Fenster schloss, hatte ich Angst, zu ersticken, wenn ich es offen ließ, hatte ich Angst, jemand würde einsteigen und mir wehtun. Ich schloss mich nachts in meinem Zimmer ein, da ich Angst hatte, das meine Mutter auf einmal im Zimmer stehen würde.

Ich konnte nachts kaum schlafen und so holte ich, solange ich zur Schule ging, den Schlaf tagsüber nach. Ich legte mich nach der Schule bis zum Abend ins Bett. Leider kam ich dabei oft in Streit mit meiner Mutter. Die Küche war genau unter meinem Zimmer und ich hörte sie schimpfen und schreien, mich beschimpfen etc., sodass ich Schwierigkeiten hatte, zur Ruhe zu kommen. Ich konnte ihr nicht sagen, was los war. Ich wusste es ja selbst nicht. Und in unserer Familie wurde nicht darüber gesprochen, wie sich jemand fühlte.

Die Angst, sobald es dunkel wurde und vor allem nachts, blieb, bis ich 32 Jahre alt wurde. Ich hatte dann nicht nur Angst, ich hatte regelrecht das Gefühl, ich verliere mich. Ich wusste nicht mehr, wo ich war und wer ich bin – ich schaffte es aber immer, irgendwie nach Hause zu kommen. Oft brach ich dann zu Hause weinend zusammen.

Es gibt heute noch Nächte, in denen ich aufwache und schauen muss, ob die Wohnungstür abgeschlossen ist oder in denen ich nachts durch die Wohnung laufe und nachsehen muss, ob jemand da ist. Die Angst, dass mir jemand wehtun könnte, ist immer noch sehr präsent.

Schmerz

Es gibt für mich nicht DEN Umgang mit Schmerz. Es wäre vermessen zu sagen, dass es einen guten Weg gibt, mit Schmerz umzugehen. Manchmal ist der Schmerz einfach zu groß, um den Kopf oben zu behalten und einigermaßen angemessen darauf zu reagieren.

Ich wusste nicht, wie ich mit Schmerz umgehen soll. Ich fragte mich, ob ich bis zum Ende meines Lebens diesen Schmerz fühlen würde. Mir selbst wehtun müsse, weinen und in Depressionen verfallen würde, damit ich damit klarkomme. Ich wollte tot umfallen. Ich konnte das nicht mehr. Und es ging auch nicht, von mir zu erwarten, irgendwie damit umzugehen, weil ich das Ganze gar nicht verarbeiten konnte. Da half kein Anstrengen, kein Ablenken. Keine tausend Ressourcen, die für andere vielleicht hilfreich waren. Irgendwie bekam ich das Gefühl, es würde mir nur helfen, nicht mehr da sein zu müssen.

Mir tat es weh, immer wieder vor Augen geführt zu bekommen, was ich früher nicht hatte. Am meisten tat es mir weh, wenn ich sah, dass Kinder, die zu Hause misshandelt worden waren, vom Jugendamt dort herausgenommen wurden und anderweitig untergebracht wurden, wo sie vermutlich sicherer aufwachsen konnten.

Mich macht das traurig und wütend zugleich. Komischerweise tue ich als Pädagogin genau das, was ich mir für mich damals gewünscht hatte. Und das fühlt sich gut und schlecht zur selben Zeit an. Und tut unsagbar weh.

Ich habe die Erfahrung gemacht, dass es oft auch unkonventionelle Wege gibt, mit Schmerz umzugehen und einigermaßen gut aus dem ganzen Chaos herauszukommen. Für manche sind das nicht ganz konventionelle Methoden, aber es gibt kein Richtig und kein Falsch für mich. Es gibt kleine Dinge, die Brücken zum nächsten Ufer sind, und von da aus ging es immer wieder weiter.

Ich dachte auch, dass ich in Therapie gehe, um den ganzen Schmerz weg zu bekommen. Da lag ich falsch. Wie bei so vielen Zielen, die ich hatte, als ich in die Traumatherapie kam. Heute weiß ich, der Schmerz bleibt. Ich kann ihn heute besser (er)tragen als vor Monaten oder Jahren. Er bleibt. So wie die Bilder bleiben, die Angst bleibt und auch die Leere bleiben wird. Es ist die Art und Weise, wie ich heute damit umgehe.

Die Erinnerung an meine Erfahrungen von früher lassen mich vieles verstehen, was ich heute in meiner Arbeit höre und sehe. Mein Umgang mit den Jugendlichen ist ein anderer geworden. Der veränderte Umgang mit mir selbst und meine veränderte Sichtweise auf mich haben den Kontakt mit den Jugendlichen in meiner Arbeit mit verändert.

Ich sage mir selbst immer wieder, dass der Schmerz zu mir gehört und es so okay ist.

Oft genug sagen mir Menschen, dass ich sehr stark bin. Ich antworte dann immer, dass sie sich mal fragen sollen, ob ich das so wollte.

Ich sehe die Stärke bei mir nicht als etwas Besonderes an. Mir blieb keine Wahl! Klar, mir blieb die Wahl, zu gehen, zu sterben und mich so allem zu entziehen. Aber das war wohl nicht das, was ich wollte. Mir blieb keine Wahl, mich gegen diese Stärke zu entscheiden. Es war keine freiwillige Entscheidung. Es war eine Entscheidung aus der Angst heraus, sonst verlassen oder getötet zu werden. So hart sich das liest.

Ich habe gelernt, die Starke zu sein, und vielleicht ist es deshalb so schwer (auch für andere), wenn ich zeige, dass ich gar nicht stark bin. Dass ich oft mehr als nur etwas verwirrt, schwach und erschöpft bin. Mir fällt es noch schwer, diesen Teil zu zeigen, hat man doch jahrelang von mir erwartet, dass ich es schaffe (was auch immer).

Und vielleicht liegt die Stärke vielmehr darin, zuzugeben, dass ich nicht stark bin!

Mir wurde immer diese Stärke zugeschrieben und so dachte ich, dass ich mit dem, was ich erlebt hatte, auch klarkommen muss. Das war mein Glaubenssatz, den ich nie hinterfragte. Bis mir meine Therapeutin in sehr energischem Ton sagte, dass ich mit dem, was da geschehen ist, gar nicht klarkommen kann. Als ich das hörte, ratterte es in meinem Kopf und alles in mir schrie: „JA GENAU, SO IST ES!"

Ich hatte das noch nie gehört und es war für mich so unendlich heilsam, das zu hören, und ich saugte diesen Satz in alle Zellen in mir auf und spürte, dass sich etwas veränderte. Ab diesem Zeitpunkt hörte das viele Starksein und Kämpfen auf. Ich wollte nicht mehr so tun, als hätte mir das alles nicht geschadet. Als hätte ich das super überstanden etc. Das stimmte nicht, nicht für mich. Und ein Teil in mir fühlte sich ab diesem Zeitpunkt gesehen und es veränderte die Beziehung zu mir selbst.

Ein Satz, der mich sehr berührt hat und mich jeden Tag daran erinnert, dass ich nicht stark sein muss, ist:

Der traurige Moment, in dem dein Herz dir flüstert: Können wir kurz mal aufhören stark zu sein? Ich kann nicht mehr!

Das habe ich mehr als einmal gefühlt, und heute höre ich auf mich und mein Herz.

Kopf über Herz und Gefühl

Da ich von klein an lernte zu analysieren, zu reflektieren, mich in andere (vor allem in meine Mutter) einzufühlen, um herauszufinden, wie ich am besten handeln sollte, blieb mir im Nachhinein viel erspart. Ich konnte mich schützen vor den Angriffen meiner Mutter, wenn ich ihr gedanklich drei Schritte voraus war. Auch später, als ich auszog, herrschte mein Kopf und schützte mich, so gut er konnte.

In der Zeit, in der ich mich verschiedensten Triggern und Flashbacks ausgeliefert fühlte, wusste ich, mein Kopf managet es, dass ich wieder sicher heraus komme. Ich konnte mich auf meinen Kopf mehr verlassen als auf die Leute um mich herum. Mein Kopf träumte mich weg, wenn ich die Angriffe nicht mehr aushielt. Mein Kopf baute Zusammenhänge und analysierte Situationen und das Verhalten von Menschen, damit ich nicht völlig irre wurde.

Es gab Momente, in denen ich Situationen wie aus der Vogelperspektive beobachtete, um mich zu distanzieren und um zu schauen, was ich tun konnte oder auch nicht.

Und ich konnte das, was mein Kopf mir sagte und als Idee einbrachte, sehr schnell umsetzen.

Manchmal brauchte es nur ein Verstehen für mich und die Situation, um Dinge zu ändern. Das empfinde ich als den größten Reichtum, den ich habe.

Mein Kopf schützte mich, nicht immer wieder in wirre Gefühle zu fallen, aus denen ich mich nur schwer befreien konnte. Er hilft mir, schwierige Nächte zu überstehen und zu verstehen und er hilft mir, real zu denken und nicht aus Verstrickungen heraus.

Aber mein Kopf machte mir auch oft mein Leben schwer. Ich versuchte, von klein an immer alles richtig zu machen aus Selbstschutz. Das steigerte sich dazu, dass ich zu hohe Ansprüche an mich stellte, die mich mehr als nur einmal zum Zusammenbruch brachten.

Mein Kopf trieb mich an wie ein Sensenmann, der hinter mir her ist. Ich jagte mich selbst. 24 Stunden am Tag. Der Anspruch wurde gesteigert, als ich in das Internat kam, was dazu führte, dass ich mich so sehr unter Druck setzte, dass ich krank wurde.

In der Universität hatte ich das so verinnerlicht, dass ich mich selbst nur noch antrieb. Mit dem Resultat, dass ich nur mit einer hohen Dosierung von Antidepressiva die Universität schaffte.

Ich trieb mich an und so richtig verstand ich nie, warum. Irgendwann fragte ich mich, was passieren würde, wenn ich nichts mehr tun würde und einfach nur da wäre. Als Antwort bekam ich: „Dann brauche ich nicht da sein, dann bin ich unnütz. Ich habe dann keine Existenzberechtigung."

Erst schockte mich diese Antwort und im nächsten Moment weinte ich – stundenlang.

Ich hatte mein ganzes Leben lang irgendetwas getan, um da sein zu dürfen. Erst in meiner Familie, dann im Internat und dann in der Uni. Die Angst, wenn ich nichts tue, dann dürfte ich nicht da sein, war so groß, dass ich alles immer durch und voll plante. Freie Zeit ließ mich völlig unruhig werden und ich fiel in ein Loch an den Wochenenden. Urlaub wollte ich so lange, wie es ging, vermeiden.

Dadurch, dass mir das klargeworden ist, konnte ich langsam loslassen und habe angefangen, meine freie Zeit zu genießen. Ich kann in Tage starten ohne irgendeinen Plan und merke, wie gut mir das tut.

Wenn ich das heute schreibe, merke ich, wie dankbar ich am Ende meinem Kopf bin. Ich bin sehr froh darüber, dass er mich so oft „gerettet" hat. Dass er da war, als Einziger, der mir erklärte, was los war und was zu tun ist.

Heute habe ich gelernt, dass mein Kopf nicht alles ist. Ich habe mit der Zeit Gefühle zulassen können, ohne dass ich davonschwimme oder Angst bekomme. Ich höre heute viel auf mein Herz und auf der Arbeit darf mein Kopf arbeiten, um alles zu verstehen und zu analysieren. Denn dazu brauche ich ihn.

Das führt heute manchmal dazu, dass ich meist erst dann wieder ein Gefühl für mich habe, wenn ich aus der Arbeit gehe. Dann spüre ich, was mich im Kontakt mit den Jugendlichen berührt hat, und ich nehme mir dann Zeit, um das zu verarbeiten.

Es gibt Momente, in denen ich heute meinem Kopf sage, dass er die Klappe halten soll, damit ich mich nicht selbst wieder unter extremen Druck setze und aufhöre, mich selbst immer wieder in Frage zu stellen. Und das funktioniert mittlerweile ganz gut.

Beziehungen

Ich frage mich, ob ich mit diesem Wort irgendetwas anfangen kann. So eine richtige Beziehung zu einem Menschen kannte ich sehr lang nicht.

Die erste Beziehung, die ein Mensch hat, ist die als Kind zu seiner Mutter. Da fängt auch schon die Schwierigkeit an. Ist eine Mutter nicht in der Lage, sich ihrem Kind zu widmen, es zu umsorgen und für es da zu sein, scheitert diese Beziehung schon am Anfang und wird im Keim erstickt.

Mütter, die mit sich selbst nicht im Reinen sind und selbst mit ihrem Leben nichts anzufangen wissen, werden wenig in der Lage sein, sich um ein Kind zu kümmern, das vollkommen von ihnen abhängig ist. Mein Glaube ist, dass diese Mütter dies vielleicht wollen, aber nicht können. Es gibt einen Satz, den ich, als ich Sozialpädagogik studiert hatte, oft gehört habe: „Wenn Eltern es besser gewusst hätten, dann hätten sie es besser gemacht." Gemeint ist damit die Beziehung zu ihren Kindern und vor allen die Erziehung – wobei man sich heute sicherlich streiten kann, was Erziehung eigentlich ist.

Zurück zur Beziehung zwischen Mutter und Kind. Ein Kind lernt durch die Eltern (oder auch andere Bezugspersonen), wie es in Beziehung zu Menschen und zur Welt tritt. Dabei spielt es eine große Rolle, wie diese Bezugspersonen diese Welt wahrnehmen. Wird dem Kind von den Eltern ein weltoffener, freundlicher Blick auf die Welt mitgegeben, wird sich das Kind nach außen hin auch so orientieren. Sind die Eltern aber eher pessimistisch, hadern mit sich und der Welt und sehen diese schwarz und weiß, bleibt dem Kind nur dieser Blick. Hinzukommt, dass ein Kind sich, in seiner völligen Abhängigkeit zu den Eltern, ihren Blick aneignet, um nicht der Angst ausgesetzt zu sein, verlassen zu werden. Also, das, was Eltern in die Beziehung mit dem Kind hineingeben, kommt auch bei dem Kind heraus.

Die Beziehung zu meiner Mutter war sehr ambivalent. Ihr Schwarz-Weiß-Denken hat meine Sicht auf das Leben geprägt. Es gab gute *oder* böse Menschen. Es gab kein Sowohl-als-auch. War ich nicht der gleichen Meinung wie sie, war ich schlecht. Wiederholte ich, was sie sagte, war ich gut. Es war mir wenig bis gar nicht erlaubt, eigene Gedanken zu haben oder Meinungen zu äußern.

Diesen „Beziehungsstil" nahm ich mit hinaus in die Welt, als ich mit 16 Jahren ausgezogen bin. Innerlich fühlte ich, dass es nicht so ganz zu mir gehörte, aber ich hatte das lange nicht hinterfragt. Ich gestaltete meine Beziehungen so, wie meine Mutter dies tat. Ich brach von heute auf morgen Kontakte ab, und wenn jemand etwas „Schlechtes" über mich sagte, wollte ich nichts mehr mit dieser Person zu tun haben. Ich konnte mit Kritik nicht umgehen, das fühlte sich an wie ein Stich ins Herz und die Zerstörung meiner ganzen Person. Heute, aus guter Distanz, weiß ich, dass meine Mutter das so empfunden hatte und ich für mich selbst gut mit Kritik umgehen kann, da sie mir hilft, mich weiter zu entwickeln.

Meine Mutter überhäufte mich mit Demütigungen. Ich war oft völlig entmutigt, ins Leben zu gehen. Was soll aus Kindern werden, wenn die eigene Mutter so etwas sagte? Wie soll man den Mut haben, sich selbst und anderen zu vertrauen?

Ich weiß, dass ich es dennoch irgendwie getan habe, mit dem hohen Preis, allein zu sein. Am Ende war ich die Einzige, die daran glaubte, dass ich das irgendwie alles schaffe.

Ich überlegte viel, ob ich es jemals schaffen würde, eine Beziehung zu führen. Ich fühlte mich nie so, als hätte ich etwas verpasst. Ich habe viele Beziehungen angefangen und hatte gedacht, dass es vielleicht funktionieren würde. Ich war aber nie verliebt. Ich wollte eine Beziehung, weil dies zum Standard gehörte und weil es nicht „normal" ist, in meinem Alter keinen Partner zu haben.

Es war aber auch nicht normal, als Kind zu Dingen gezwungen zu werden, die ich nicht wollte und die immer wieder in mir hochkamen, wenn ich auch nur an eine Beziehung dachte. Jedes Mal, wenn ich Nähe zulassen wollte, hat mein Körper mit Angst reagiert. Ich habe mich schlecht gefühlt und ich konnte das Gefühl nicht abstellen. Ich fühlte Ekel und fühlte mich beschämt. Ich sah immer wieder mich selbst als kleines Kind vor mir: verweint und verstört, voller Angst und verschreckt, weil ich niemandem sagen konnte, wie schlimm ich mich fühlte. Auch wenn ich als Erwachsene weiß, dass ich nicht schuld war und ich nichts Falsches getan hatte, sondern mir etwas Falsches angetan wurde, konnte ich die Gefühle nur langsam loslassen. Auch die körperlichen.

Ich glaube Menschen, die mit Sexualität keine gute Erfahrung gemacht haben, sei es in der Kindheit, in der Jugend oder im Erwachsenenalter, werden dies immer in eine Beziehung mit hineintragen. Es ist ein Kampf, zu unterscheiden zwischen dem, was war, und dem, was ist. Die Kunst liegt wohl darin, sauber im Kopf zu trennen, was das Gefühl nicht kann.

Ich habe wohl das große Glück, mit sehr viel mehr Kopf auf die Welt gekommen zu sein als Gefühl. Oder meine Erziehung trug einen großen Teil dazu bei, dass dies heute so ist. In Berührungen und Sexualität nicht immer wieder das Gefühl zu haben, es sei falsch oder schlecht, war ein enormer Kraftakt. Dabei sauber zu trennen, wer vor mir steht und was in meinem Kopf als Erfahrung abgespeichert ist. Es brauchte enorm viel Hirn und auch Geduld meines Gegenübers.

Mir war aber klar, dass nur, weil ich Beziehungen aus dem Weg ging, ich diese Gefühle dennoch hatte. Auch wenn sie vielleicht nicht präsent waren, waren sie doch da. Solange, bis ich sie für mich gelöst hatte.

Und irgendwann wollte ich nicht mehr zurückstecken und allein sein. Ich hatte für mich entschieden, mich dem zu stellen, auch wenn ich nicht wusste, wie ich mich in einer Beziehung fühlen würde. Ich wusste, dass ich viel riskierte, aber zurückzustecken war keine Option mehr.

Ich machte die Erfahrung, dass das gar nicht so einfach war. Ich ertappte mich dabei, wie ich wieder mein Muster fuhr und alles tat, damit ich die Beziehung nicht gefährdete. Ich versuchte, mich mitzuteilen, versuchte, Verständnis zu bekommen für die schwierige Situation in der ich mich befand. Ich ging den Weg des geringsten Widerstandes. Ging oftmals über meine Grenzen, bis ich irgendwann verstand, dass ich das nicht mehr tun musste. Die Nähe, die Liebe, das war das, was ich immer vermisst hatte, aber ich wollte mich nicht selbst dabei vergessen und über meine Grenzen gehen.

Nicht einmal aus Liebe!
Nicht MEHR aus Liebe.

Es war schwierig. Ich spürte bei jedem neuen Kennenlernen von Männern zwei Teile in mir.

Einen Teil, der sich Hals über Kopf in eine Beziehung stürzen wollte, um endlich nicht mehr allein sein zu müssen, und einen anderen Teil, der alles ganz langsam angehen wollte. Dadurch, dass mir dies durch die vorangegangenen Erfahrungen klar wurde, versuchte ich, auf den Teil zu hören, der achtsam sein wollte, und den anderen Teil, der ganz schnell alles wollte und immer zehn Schritte voraus war, einzufangen.

Ich verstand mich. Ich verstand meinen Wunsch, nicht mehr allein sein zu wollen. Hatte ich doch fast mein ganzes Leben allein verbracht. Aber ich musste diesem Teil auch die Illusion rauben, dass dies vorbei ist, wenn ich eine Beziehung habe. Das Luftschloss musste ich zerstören.

Das Gefühl, allein zu sein und sich teilweise wurzellos zu fühlen, wird bleiben. Und ich wollte und konnte auch nicht versuchen, das über eine Beziehung nachzuholen. Es ist auch nicht fair einen Wunsch oder ein Bedürfnis in eine Beziehung mit einzubringen, der bzw. das in der Kindheit hätte erfüllt werden müssen.

Vom Nicht-Sein zum Sein

Wenn man als Kind nie das Gefühl bekommen hat, dass man willkommen im Leben ist, ist das etwas, was sich wie ein roter Faden durch das Leben zieht.

Ich hatte nie das Gefühl, dass ich da sein darf. Mich bestimmte das mein ganzes Leben lang.

Ich hatte sehr oft das Gefühl, nirgends dazuzugehören.

Wenn man als Kind das Gefühl bekommt, nie zu genügen und ausgestoßen zu werden, wenn man das Falsche sagt oder tut, bekommt man ein vages Gefühl, vielleicht gar nicht da sein zu dürfen.

Ich verhielt mich sehr unauffällig, verlangte nie extra Dinge und tat oft so, als ob ich nicht einmal jemandem die Luft zum Atmen wegnehmen wollte.

Ich hatte das Gefühl, ich gehöre nirgends dazu und dürfe das auch nicht, deshalb zog ich mich immer mehr zurück. Was blieb mir auch anderes übrig. Ich wollte mich nicht hineindrängen, aufdrängen und anderen zur Last fallen. Ich habe immer versucht, es allen so angenehm wie möglich mit mir zu machen, und habe das getan, was man von mir verlangt hat.

Am meisten habe ich wohl verinnerlicht, dass nicht zählte, was ich sagte oder möchte, und dass ich froh sein darf, wenn ich überhaupt da sein darf. Mich schmerzt das sehr, wenn ich das schreibe und ich spürte immer, dass ich gern erfahren wollte, dass ich sein darf, *ohne* dass Bedingungen daran gestellt werden.

Auch wenn ich heute andere Erfahrungen mache, bleibt dieser innere Satz stehen. Vielleicht als Vorsichtsmaßnahme, nicht enttäuscht zu sein, wenn es wieder nicht mehr so ist.

Raus aus ihren Schuhen!

Heute weiß ich, was ich kann. Ich weiß, dass ich nicht blöd, dumm, hässlich, wertlos, doof, nicht unnütz, eine Lügnerin oder anderes bin.

Ich habe gelernt, dass ich so sein darf, wie ich bin und habe mich weit entfernt von dem Denken meiner Mutter.

Ich sehe die Welt bunt und liebe all die Farben, Formen, Düfte und Schattierungen.

Ich weiß, wem ich vertrauen kann und dass ich selbst entscheiden darf, wen ich in meinem Leben haben möchte und wen nicht.

Ich bin – und das wohl vor allem durch meinen Beruf – selbstreflektiert und lerne jeden Tag dazu.

Ich erkenne Muster aus meiner Kindheit und versuche mein Bestes, diese zu hinterfragen und, wenn ich das brauche, zu ändern.

Ich entscheide heute selbst für mich. Und das tut mir gut.

Das heißt nicht, dass ich „geheilt" bin von Triggern und Flashbacks, von schlaflosen Nächten oder Verlassenheitsängsten. Ich habe gelernt, irgendwie damit zu leben. Mit dem Schmerz, der Traurigkeit und der Verwirrtheit, die mich oftmals überfällt, wenn ich an meine Mutter denke.

Ich habe keinen Plan für das Leben. Das Leben wird kommen, wie es kommen möchte. Solange lebe ich von Sekunde zu Minute und von Minute zu Stunde und von Stunde zu Tag…

Nach 20 Jahren Trennung von meiner Familie weiß ich, wer ich bin und was ich mag. Und das versuche ich, so gut es geht zu leben.

Was am Ende bleibt ...

... ist jedem selbst überlassen.

Niemand lebt sein Leben für jemand anderen, auch wenn wir oft dieser Illusion ausgesetzt sind. Es kann niemand für einen entscheiden, was geht oder nicht, was zu viel ist oder nicht und niemand hat das Recht, über das Leben eines anderen zu urteilen!

Man bekommt im Leben keinen Orden verliehen, wenn man sich an viele Regeln hält und dabei immer wieder das Gefühl hat, sich selbst zurückstellen zu müssen.

Man gewinnt keinen Hauptgewinn oder ein erfülltes Leben, wenn man sich kasteit und Impulse, die sich innerlich zeigen und ausgedrückt werden wollen, untergräbt, nur weil sie vielleicht unangebracht sind.

Es steht nirgends geschrieben, dass wir ein glückliches, erfülltes Leben haben werden.

Es steht nirgends geschrieben, dass wir alle heil werden würden.

Aus meiner Sicht ist das Leben nicht dazu bestimmt, heil, glücklich oder erfüllt zu sein.

Und es steht auch nirgends geschrieben, dass das Leben einen Sinn ergeben soll oder es sogar DEN Sinn im Leben gibt.

Es ist, wie es ist! Und vielleicht ist das das Geheimnis. Ich habe akzeptiert, vielleicht nie heil oder glücklich zu sein... und vielleicht steckt genau darin *mein* Heilsein!

Ich wünsche jeder ihren eigenen, unkonventionellen, verrückten Frieden mit sich selbst!

Nachwort

Dieses Buch ist das Resultat aus einem Jahr Arbeit mit und an mir selbst.

Im Schreiben habe ich mich angenähert an meine eigenen Erfahrungen. Ich hätte zu gern geglaubt, dass alles nur ein böser Traum gewesen ist, so wie meine Mutter mir das immer einreden wollte. Dass es eine Lüge ist und ich die Wahrheit verleugne. Leider ist es nicht so.

Zeile für Zeile habe ich mich mit dem ganzen Drama auseinandergesetzt und meine Erlebnisse mehr und mehr als mir zugehörig annehmen können.

Ich bin sehr oft gefallen und habe mich verstecken müssen, um mich selbst wieder zu fangen.

Ich habe viele Tränen geweint: Aus Verzweiflung, aus meinem Schmerz heraus, aus Wut darüber, dass Menschen, die einem das Leben „schenken", fähig sind, Gewalt auszuüben.

Es war ein harter Weg, der nicht zu Ende ist. Er ist leichter geworden und ich habe mich von den Fesseln befreien können, die meine Mutter mir als Eiskönigin angelegt hatte.

Danksagung

Das letzte Jahr wurde ich von lieben Menschen begleitet, denen ich unendlich dankbar bin.

Bei denen ich mich zeigen konnte mit dem, wie es mir geht und wie ich bin. Die mich annahmen, wenn ich mich selbst hasste und nicht annehmen wollte und konnte. Ich konnte mich auf sie verlassen, wenn ich mich selbst verlassen hatte. Es hat mir gutgetan, dass das erste Mal in meinem Leben Menschen immer da waren, egal wie ich mich gefühlt habe. Mir die Hand gehalten haben und trotz der vielen Tränen, die ich geweint habe, mit mir gelacht haben und mich gelegentlich aus meinem Drama herausgeholt und in die Natur entführt haben.

Es gab und gibt für mich nichts, was mir so sehr geholfen hat wie diese Unterstützung!

DANKE!

Anhang

„Borderline" ist eine Persönlichkeitsstörung. Bei dieser Störung sind bestimmte Bereiche der Gefühle, des Denkens und des Handelns beeinträchtigt, was sich durch negatives und teilweise paradox wirkendes Verhalten in zwischenmenschlichen Beziehungen sowie in einem gestörten Verhältnis zu sich selbst äußert. Es ist sozusagen eine krankhafte, seelische Behinderung.

Die Bezeichnung „Borderline" bedeutet auf Deutsch „Grenzlinie" bzw. „grenzwertig". Man spricht von:
- Borderline-Persönlichkeitsstörung (BPS)
- Borderline Personality Disorder (BPD)
- „emotional instabile Persönlichkeitsstörung des Borderline Typs" oder auch
- Borderline Syndrom (BS)
- Borderline (BL); umgangssprachlich

Die Betroffenen werden oft „Borderliner" / „Borderlinerin" oder BL-er/ BL-erin genannt. Manchmal bezeichnen sie sich selbst auch kurz als „Bordi".

Die Persönlichkeitsstörung ist gekennzeichnet durch ein tiefgreifendes Muster von Instabilität in den zwischenmenschlichen Beziehungen, im Selbstbild und in den Affekten sowie deutliche Impulsivität. Der Beginn liegt oftmals im frühen Erwachsenenalter bzw. in der Pubertät und manifestiert sich in verschiedenen Lebensbereichen.

Das *Diagnostic and Statistical Manual of Mental Disorders (DSM*; englisch für „diagnostischer und statistischer Leitfaden psychischer Störungen") ist ein Klassifikationssystem in der Psychiatrie. Es wird seit 1952 von der *American Psychiatric Association (APA)* in den USA herausgegeben, um psychiatrische Diagnosen reproduzierbar und statistisch verwertbar zu gestalten. Heute ist sie in vielen Kliniken und Instituten gebräuchlich.

Informationen auch unter: www.borderline-muetter.de

Für die Diagnostik von Borderline müssen laut *DSM-IV* mindestens fünf der folgenden neun Kriterien erfüllt sein:

1. Starkes Bemühen, tatsächliches oder vermutetes Verlassenwerden zu vermeiden.
   Beachte: Hier werden keine suizidalen oder selbstverletzenden Handlungen berücksichtigt, die in Kriterium 5 enthalten sind.
2. Ein Muster instabiler, aber intensiver zwischenmenschlicher Beziehungen, das durch einen Wechsel zwischen den Extremen der Idealisierung und Entwertung gekennzeichnet ist.
3. Identitätsstörung: ausgeprägte und andauernde Instabilität des Selbstbildes oder der Selbstwahrnehmung.
4. Impulsivität in mindestens zwei potenziell selbstschädigenden Bereichen (z. B. Geldausgeben, Sexualität, Substanzmissbrauch, rücksichtsloses Fahren, zu viel oder zu wenig essen).
   Beachte: Hier werden keine suizidalen oder selbstverletzenden Handlungen berücksichtigt, die in Kriterium 5 enthalten sind.
5. Wiederholte suizidale Handlungen, Selbstmordandeutungen oder -drohungen oder Selbstverletzungsverhalten.
6. Affektive Instabilität infolge einer ausgeprägten Reaktivität der Stimmung (z. B. hochgradige episodische Dysphorie, Reizbarkeit oder Angst, wobei diese Verstimmungen gewöhnlich einige Stunden und nur selten mehr als einige Tage andauern).
7. Chronische Gefühle von Leere.
8. Unangemessene, heftige Wut oder Schwierigkeiten, die Wut zu kontrollieren (z. B. häufige Wutausbrüche, andauernde Wut, wiederholte körperliche Auseinandersetzungen).
9. Vorübergehende, durch Belastungen ausgelöste paranoide Vorstellungen oder schwere dissoziative Symptome.

Sach- und Fachbücher
- Gesellschaftskritik
- Frauen-/ Männer-/ Geschlechterforschung
- Holocaust/ Nationalsozialismus/ Emigration
- (Sub)Kulturen, Kunst & Fashion, Art Brut
- Gewalt und Traumatisierungsfolgen
- psychische Erkrankungen

sowie
… junge urbane Gegenwartsliteratur, Krimis / Thriller, Biografien

… Art Brut und Graphic Novels

www.marta-press.de

Heike Arendt:

Wie ich dazu kam, meiner Mutter den Tod zu wünschen

Das autobiografische Buch handelt von psychischer Gewalt durch eine an Borderline erkrankte Mutter und deren verheerenden Folgen. Heike Arendt gibt Einblicke in eine Gedanken- und Gefühlswelt, die für viele Menschen verborgen ist.

Eindrucksvoll beschreibt sie, wie subtil psychische Gewalt sein kann, warum diese für Außenstehende oft unbemerkt bleibt und wie schwer es ist, diesen Traumata zu entkommen.

1. Auflage, Oktober 2016. ISBN: 978-3-944442-49-5
192 Seiten,
20,00 € (D), 21,00 € (AT), 23,00 CHF UVP (CH)

Nahaufnahmen

Jana Reich (Hg.)

ÜBERSEHENE KINDER
Biografien erwachsener Töchter von Borderline-Müttern

Mit einem Vorwort von Katharina Ohana und einem Praxisteil „Frühe Hilfen" von Marianne Styger

marta press

3. Auflage 2014. ISBN: 978-3-944442-99-0
548 Seiten, Illustrationen.
Preis: 34,80 € (D), 35,80 € (A), 46,90 CHF UVP (CH)

Aus dem Inhalt:

Rund 30 Töchter zwischen 19 und 62 Jahren beschreiben in dem Buch **"Übersehene Kinder"** ihr Leben, das durch ihre Mütter, die an der Borderline-Persönlichkeitsstörung erkrankt sind, wesentlich geprägt wurde. Ein Tabu-Thema: Alle Töchter erlebten psychische Gewalt, viele von ihnen körperliche Gewalt und manche sexuelle Gewalt durch ihre Mütter! Die Mütter sind an Borderline erkrankt, weil sie in ihrer eigenen Kindheit oder Jugend durch emotionale Vernachlässigung, körperliche, sexuelle und/oder psychische Gewalt, durch Verlusterfahrungen, Flucht und/oder Krieg traumatisiert worden sind. Diese, von ihnen unbearbeiteten, Traumata haben Auswirkungen auf ihr eigenes Leben und das ihrer Kinder und Enkelkinder. In der Gesellschaft und in psychiatrisch-therapeutischen Kontexten gehören die Töchter und Söhne auch heute noch zu den "übersehenen" Kindern psychisch kranker Eltern(teile).

Der Sammelband soll die Borderline-Persönlichkeitsstörung und ihre Erscheinungsformen als Trauma-Folgeerkrankung bekannter machen, die Folgen einer Sozialisierung durch Mütter mit Borderline verdeutlichen, die Co-Abhängigkeit bzw. Abwesenheit der Väter aufzeigen und für die - oft schwere - Situation der Kinder von Borderlinern sensibilisieren. Zugleich werden frauenfeindliche gesellschaftliche Strukturen und Mechanismen sowie ihre Auswirkungen auf die Biografien der Mütter und der Töchter deutlich. Die Autorinnen hoffen, dass, ausgehend von den dargestellten Erfahrungen und den daraus gewonnenen Erkenntnissen, die transgenerationale Weitergabe von Traumatisierungserfahrungen in jetzigen und zukünftigen Familien wenigstens abgemildert werden kann. Im Praxisteil stellt Psychologin Marianne Styger hierfür Ideen zur "Frühen Hilfe" für Borderline-Mütter und ihre Kinder vor.

Aus unserem Verlags-Programm:

- Lerke Gravenhorst / Ingegerd Schäuble: "Fatale Männlichkeit. Der NS-Zivilisationsbruch. Ein neuer Blick" Mit Beiträgen von Hanne Kircher, Jürgen Müller-Hohagen und Karin Schreifeldt.

- Robert Claus, Juliane Lang, Ulrich Peters (Hg.): "Antifeminismus in Bewegung"

- Rena Kenzo: "»Teil eines Ganzen sein« Extrem rechte Frauen in Deutschland von 1945 bis 2000"

- Jana Reich: "»Nichts in meinem Leben ist normal, nichts...« Die Traumata im Leben der Künstlerin Eva Hesse (1936-1970)"

- Ulla Rogalski: "Ein ganzes Leben in einer Hutschachtel. Geschichten aus dem Leben der jüdischen Innenarchitektin Bertha Sander 1901-1990"

www.marta-press.de

- Sheila Jeffreys: "Die industrialisierte Vagina. Die politische Ökonomie des globalen Sexhandels"

- Anita Kienesberger "Fucking Poor. Was hat »Sexarbeit« mit Arbeit zu tun? Eine Begriffsverschiebung und die Auswirkungen auf den Prostitutionsdiskurs"

- Sandra Müller: "Ehrbare Frauen. Zwischen Schauspiel, Macht und Erniedrigung - Einblicke in die Leben von Dominas und Prostituierten"

- Jana Reich: "Die harte Show. Leben und Illusionen in der Sexindustrie"

- Anika Meier: "All Dolled Up. Möglichkeiten der Transformation in der Praxis des *Female Masking*"

- Ilse Jung: "RuhrgeBEATgirls. Die Geschichte der Mädchen-Beatband *The Rag Dolls* 1965 - 1969"

www.marta-press.de